한 줄씩 꼭꼭 **씹어먹는**

뉴스
영어

한 줄씩 꼭꼭 씹어먹는
뉴스영어

초판 1쇄 인쇄   2021년 8월 7일
초판 2쇄 발행   2022년 10월 14일

지은이	박신규
발행인	임충배
홍보/마케팅	양경자
편집	김인숙, 김민수
디자인	정은진
펴낸곳	도서출판 삼육오(PUB.365)
제작	(주)피앤엠123

출판신고 2014년 4월 3일
등록번호 제406-2014-000035호

경기도 파주시 산남로 183-25
TEL 031-946-3196 / FAX 031-946-3171
홈페이지   www.pub365.co.kr
ISBN 979-11-90101-56-1 13740
© 박신규 & 2021 PUB.365

한 줄씩 꼭꼭 **씹어먹는**

뉴스
영어

저자 **박신규**

Pub.365

영어를 배우는 이유는 다양합니다. 글을 읽기 위해서, 말을 배우기 위해서, 또는 다양한 정보를 얻기 위해서 등등, 한마디로 무궁무진합니다. 요즘처럼 글로벌 시대에 영어를 배운다는 것은 필수 아닌 필수가 되었습니다. 특히 전 세계의 흐름에 관심이 있는 분들은 다양한 뉴스 채널을 통해 정보를 얻으려고 합니다. 지식을 쌓는다는 것은 경쟁력을 키우는 것입니다. 영어 뉴스를 통해 그 경쟁력을 한층 더 강화할 수 있습니다. 그래서 많은 사람이 영어 학습, 특히 영어 뉴스에 관심을 갖는 것입니다.

현장에서 영어를 강의하고 있는 강사로 예전에 CNN, AP와 같은 뉴스 채널을 강의한 적이 있습니다. 워낙 다양한 내용들이 뉴스 기사로 다루어지기 때문에 익히기 쉽지는 않지만 일반 미국 드라마나 영화보다는 청취하기가 좀 더 수월한 편입니다. 이유는 간단합니다. 올바른 정보를 정확한 발음과 표현으로 전달하기 때문입니다. 영어 뉴스에는 속어나 다양한 의미를 가지고 있는 구어체의 사용 빈도가 영화나 드라마보다는 많지 않습니다. 또한 영화보다는 말하는 사람의 억양이나 발음이 훨씬 또렷합니다. 오랜 강의 경험을 통해서, 지금도 매일 영어 뉴스 채널을 시청하는 영어 강사로서 확실하게 말할 수 있습니다.

'한 줄씩 꼭꼭 씹어 먹는 뉴스 영어'는 총 12개의 뉴스로 구성된 책입니다. 다루는 내용이 적다고 생각될 수 있겠지만 영어 뉴스는 양이 아닌 질이 중요합니다. 어떤 내용을 학습자에게 전달하는지가 중요합니다. 별 관심거리가 안 되는 내용을 실어 학습자에게 흥미 유발을 시키지 못하는 책이라면 학습할 의미가 없습니다.

총 12개의 뉴스 기사 영어 대본과 한글 해석을 한데 담았습니다. 뉴스 내용 중에서도 중요한 대목은 패턴으로 학습할 수 있도록 분류했습니다. 패턴 학습을 통해 다양한 문장을 익히도록 하기 위함입니다. 중요한 어휘들은 따로 예문과 함께 정리했습니다. 또한 다양한 영어 퀴즈를 통해 영어 뉴스 학습에 흥미를 느끼도록 했습니다. 추가로 책의 모든 내용과 더불어 EBS 출연 등 영어 전문 선생님들의 동영상 강의 심화 학습 컨텐츠를 www.funta.co.kr에서 만나보실 수 있습니다.

뉴스를 정확하게 듣고 이해하기 위해서는 어느 정도 독해 능력도 있어야 합니다. 같은 기사를 글로 보고 이해하지 못하면 제대로 들을 수가 없습니다. 뉴스 청취를 위해서는 영어 독해력이 꼭 있어야 합니다. '한 줄씩 꼭꼭 씹어 먹는 뉴스 영어'에서 다루는 기사들은 독해 학습을 위해서도 좋은 내용입니다. 다양한 표현을 익히고 마치 자신이 기자인 것처럼 큰소리로 원어민들의 정확한 발음을 들으면서 따라 읽다 보면 훨씬 더 영어 뉴스 청취가 수월해질 겁니다. 어떻게 책을 활용할 것인지는 학습자들의 몫입니다. 단순히 듣는 것으로 만족하기보다는 다양한 방법으로 책을 활용하다 보면 영어 뉴스에 대한 이해력이 빨라질 뿐만 아니라 독해나 말하기에도 많이 도움이 될 것입니다.

아무쪼록 '한 줄씩 꼭꼭 씹어 먹는 뉴스 영어'책이 영어 뉴스에 관심이 많은 다양한 학습자들에게 조금이나마 도움이 되었으면 합니다. 영어 강사로서 바람이기도 합니다.

저자 박신규

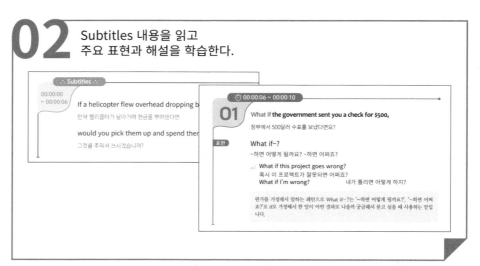

학습
방법

01
책 속의 QR코드를 찍고
준비된 CNBC 뉴스 영상을 시청한다.

CNBC Why the Korean wave is more than BTS or Blackpink

NBC EXPLAINS

The rise of
the Korean wave

01
Can free money solve
the coronavirus crisis

If you login, you can see both English and Korean subtitles.
로그인하면, 영어와 한국어 자막을 모두 볼 수 있습니다.

최신 구독   교재 다운로드   학습하기

02
Subtitles 내용을 읽고
주요 표현과 해설을 학습한다.

∴ Subtitles ∴

00:00:00
~ 00:00:06

If a helicopter flew overhead dropping b

만약 헬리콥터가 날아가며 현금을 뿌려댄다면

would you pick them up and spend them

그것을 주워서 쓰시겠습니까?

🕙 00:00:06 ~ 00:00:10

01
What if **the government sent you a check for $500,**

정부에서 500달러 수표를 보냈나요?

표현
What if~?

~하면 어떻게 될까요? ~하면 어쩌죠?

What if this project goes wrong?
혹시 이 프로젝트가 잘못되면 어쩌죠?
What if I'm wrong?   내가 틀리면 어떻게 하지?

뭔가를 가정해서 말하는 패턴으로 What if~?는 '~하면 어떻게 될까요?', '~하면 어쩌
죠?'로 It로 가정해서 한 말이 어떤 결과로 나올까 궁금해서 묻고 싶을 때 사용하는 말입
니다.

*자연스럽게 흐르는 한글 번역으로 인해 영어 원문과 해설 내용이 때때로 일치하지 않을 수 있음을 유의해주세요.

03 주요 표현에 주어진 다양한 방식의 추가 학습을 적극 활용하여 학습한다.

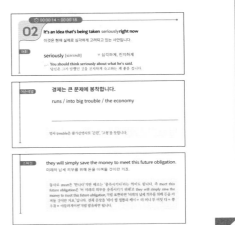

04 FUNTA! 홈페이지(www.funta.co.kr)로 들어오면 책과 연계된 심화학습 동영상 강의(유료)를 만날 수 있다.

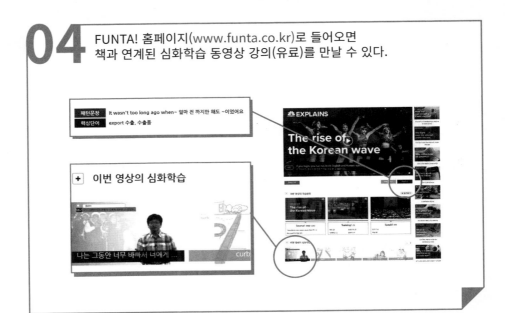

목차

01

Can free money solve
the coronavirus crisis

00:00:00
~ 00:00:06

If a helicopter flew overhead dropping banknotes,

만약 헬리콥터가 날아가며 현금을 뿌려댄다면

would you pick them up and spend them?

그것을 주워서 쓰시겠습니까?

⏱ 00:00:06 ~ 00:00:10

01

What if the government sent you a check for $500,

정부에서 500달러 수표를 보냈다면요?

표현

What if~?

~하면 어떻게 될까요? ~하면 어쩌죠?

ex) What if this project goes wrong?
혹시 이 프로젝트가 잘못되면 어쩌죠?
What if I'm wrong?   내가 틀리면 어떻게 하지?

뭔가를 가정해서 말하는 패턴으로 What if~?는 '~하면 어떻게 될까요?', '~하면 어쩌죠?'로 if로 가정해서 한 말이 어떤 결과로 나올까 궁금해서 묻고 싶을 때 사용하는 말입니다.

00:00:10
~ 00:00:14

no questions asked?

아무 조건도 없이요?

Although, this might sound too good to be true,

말도 안 되는 얘기라고 하실지 모르겠지만

02 it's an idea that's being taken seriously right now

이것은 현재 실제로 심각하게 고려되고 있는 사안입니다.

어휘

seriously [síəriəsli]   ⬝ 심각하게, 진지하게

ex) You should think seriously about what he's said.
당신은 그가 말했던 것을 진지하게 숙고하는 게 좋을 겁니다.

∴ Subtitles ∴

00:00:18
~ 00:00:27

as a way to keep economies moving

코로나 팬데믹의 여파를

as the impact of the coronavirus pandemic is felt across the world.

전 세계가 체감하는 지금 경제를 지탱해줄 방법으로 말이죠.

So how does this helicopter money work?

이 헬리콥터 지원금은 어떻게 작용하는 걸까요?

---

03 CNBC EXPLAINS What is helicopter money?

CNBC가 설명해드립니다 헬리콥터 지원금이 뭔가요?

어휘

explain [ikspléin]   ⬝ 설명하다, 알려주다

ex) Let me explain how to deal with that.
그걸 어떻게 처리하는지 제가 설명할게요.

04

Q. 다음 빈칸에 들어갈 알맞은 어휘를 써보세요.

쓰기

사람들이 집에 머무르고 사업장이 문을 닫으면서

As people staying at home and business is _____

숙어로 stay at home은 '집에 머무르다'입니다. 정답) shutter

00:00:35
~ 00:00:52

governments and central banks around the world are considering

전 세계의 정부와 중앙은행들은

extreme measures to support their economies through the coronavirus crisis.

코로나 위기를 극복하기 위한 극단적 경제 조치들을 고민 중입니다.

The consumption of goods and services or consumer spending

재화 및 서비스 소비 다른 말로 소비자 지출은

is one of the key drivers of the economy.

경제의 핵심 동력 중 하나입니다.

05

Consumer spending accounts **for 58% of the world's Gross Domestic Product,**

소비자 지출은 세계 국내 총생산 즉, 58%의

어휘

account [əkáunt]   동 차지하다, 생각하다, 설명하다

ex) Oil and gas account for 30% of the country's exports.
석유와 가스는 국가 수출에 30퍼센트를 차지한다.

∴ Subtitles ∴

or GDP.

GDP를 차지하고 있습니다.

And in countries like the US and UK,

미국과 영국 같은 나라에선,

it's even more,

영향이 더 큰데,

representing a whopping two-thirds of their GDP.

그들 GDP의 무려 2/3를 담당하고 있죠.

So if consumer spending slows down or stops,

따라서 소비자 지출이 둔화하거나 멈추면,

Can free money solve the coronavirus crisis **13**

06

어순배열

Q. 다음 단어를 우리말 의미에 맞게 알맞은 순서로 배열하세요.

경제는 큰 문제에 봉착합니다.

runs / into big trouble / the economy

명사 trouble은 불가산명사로 '곤란', '고통'을 뜻합니다.

∴ Subtitles ∴

00:01:15
~ 00:01:20

governments around the world are urging their citizens to stay home

세계 각국 정부는 국민들에게 집에 머물기를 권고하며

14

07

as they attempt to **contain the spread of the virus.**

바이러스의 확산을 최소화하려 노력 중입니다.

표현

They attempt to~

그들은 ~하려고 해보다, 그들은 ~하려고 노력하다.

ex) They attempted to figure out what they meant.
그들은 그것들이 무슨 의미였는지 알아내려고 했다.
They attempt to break a world record.
그들은 세계기록을 깨려고 한다.

> 어떤 일을 하려고 특별히 애를 쓸 때 동사 attempt를 사용합니다. 즉 They attempt to~
> 는 '그들은 ~하려고 해보다', '그들은 ~하려고 노력하다'의 뜻입니다.

00:01:24
~ 00:01:30

And while these measures will hopefully saves lives,

이러한 조치로 생명을 살리는 동안,

economies are already seeing business closures

경제적 측면에선 이미 사업장이 문을 닫고

08

and job layoffs as a result.

직장을 잃는 결과를 보고 있죠.

어휘

result [rɪzʌlt]   명 결과, 성과

ex) Her death was the result of months of drug abuse.
그녀의 죽음은 수개월의 마약 중독의 결과였다.

∴ Subtitles ∴

00:01:33
~ 00:01:48

The number of Americans filing for unemployment, for example,

그 예로 미국 내 실업 급여 신청 건수가

skyrocketed to unprecedented levels in March.

3월에 전례 없는 상승세를 기록했습니다.

Those claims then doubled just a week later.

그리고 이 신청 건수는 1주일 만에 두 배로 뛰었죠.

Without a steady stream of income coming in,

일정한 수입이 없게 된다면,

09

표현

many people are understandably anxious about **parting with their money,**

많은 사람들이 자연스럽게 돈을 쓰지 않게 될 것이고

Many people are understandably anxious about~

많은 사람들이 ~에 대해 당연히 걱정합니다.

ex) Many people are understandably anxious about the current coronavirus outbreak.
많은 사람들이 당연히 현 코로나바이러스 발생을 우려하고 있습니다.
Many people are understandably anxious about what's happening around the world.
많은 사람들이 당연히 전 세계에서 벌어지고 있는 일에 대해 걱정하고 있다.

어떤 일에 우려하고 걱정하는 것을 be anxious about이라고 합니다. 이 말에 부사 understandably(당연히, 분명히)를 넣어 Many people are understandably anxious about~처럼 말하면 그 뜻은 '많은 사람들이 ~에 대해 당연히 걱정합니다'입니다.

∴ Subtitles ∴

00:01:54
~ 00:01:57

meaning consumer spending will take a big hit.

그것은 곧 소비자 지출이 큰 타격을 입는단 뜻입니다.

10

One proposed solution is

그 해결 방안 중 하나로

solution [səlúːʃən]　　　명 해결책, 방안

ex) There must be a solution to the problem.
그 문제에 대한 해결책이 분명이 있을 거야.

∴ Subtitles ∴

00:01:59
~ 00:02:06

for governments to make payments to every person.

정부가 모든 사람에게 돈을 지급하는 것이 거론됐죠.

The argument is that

이 주장의 핵심은

if you have extra money in your bank account,

은행 계좌에 여윳돈이 생기게 되면,

11

Q. 다음 빈칸에 들어갈 가장 알맞은 것을 고르세요.

미래에 대한 염려가 줄어

you'll feel less _____ about the future

(A) worried   (B) excited

(C) disappointed   (D) interested

정답 (A)

00:02:08
~ 00:02:18

and be more inclined to spend.

소비가 증진될 것이란 거죠.

So why might this be more effective

그렇다면 왜 이 방법이

than other steps being taken by central bankers and lawmakers?

중앙은행과 입법자들이 내세운 다른 방안들보다 효율적일 수 있을까요?

12

As fears about the pandemic escalated,

팬데믹에 대한 공포가 증가하자,

어휘

escalate [éskəlèit]   동 오르다, 확대하다

ex) The conflict has escalated in several areas.
분쟁이 몇 몇 지역에서 확대되었다.

∴ Subtitles ∴

00:02:21
~ 00:02:31

central banks acted fast

중앙은행들은 신속한 조치로

by slashing interest rates and lending money to keep businesses afloat,

금리 인하와 대출 완화를 통해 사업자들을 지원했습니다.

but just because it's cheaper to borrow money,

하지만 단지 싼 이자로 대출이 가능하다고 해서,

13

it doesn't mean that **people will want to take out loans**

사람들이 너도 나도 돈을 빌리게 되진 않죠.

표현

It doesn't mean that~

~의 의미는 아니에요.

ex) When you fail, it doesn't mean that it's over.
네가 실패할 때, 그게 끝났다는 얘기는 아냐.
It doesn't mean that we support you without reservation.
우리가 당신을 무조건적으로 지원한다는 의미는 아닙니다.

누군가가 자신의 말을 오해하고 있을 때 다시금 제대로 설명하고자 하는 말이 It doesn't mean that~입니다. 여기서 that 다음에 주어+동사의 구조가 나오죠. 뜻은 '~의 의미는 아니에요'입니다.

14

especially when they're nervous **about the future.**

특히 미래에 대한 불안감이 클 때는 말입니다.

어휘

nervous [nə́:rvəs]　　　　형 초조한, 긴장되는, 불안한

ex) We're a little nervous about releasing this product.
우리는 이 제품 출시에 대해 좀 걱정스럽다.

00:02:37
~ 00:02:44

Meanwhile, legislators have proposed

한편, 입법자들은

cutting payroll taxes and reducing tax rates.

법인세와 세율을 낮추는 방안을 제시했죠.

⏱ 00:02:44 ~ 00:02:49

15

Q. 다음 빈칸에 들어갈 알맞은 어휘를 써보세요.

쓰기

이 조치들로 사업자와 정규직 노동자는 도움을 받지만

And while _____ may help business owners and salaried employees,

영어로 salaried employee는 '월급쟁이'를 뜻합니다. 정답) measures

∴ Subtitles ∴

00:02:49
~ 00:02:59

Gig workers and the unemployed will not feel the benefits.

계약직과 실직자는 혜택을 받지 못합니다.

That's where the simplicity of

그래서 나온 대안이

handing out the sum of money to everyone comes in.

모두에게 일정 금액을 나눠주는 것이죠.

16

The argument **is that**

이 주장의 핵심은

어휘

argument [ɑ́:rgjumənt]   명 논쟁, 논점, 주장

ex) It was the usual argument about what to watch on television.
TV에서 뭘 시청할지에 대한 일반전인 논쟁이었다.

∴ Subtitles ∴

00:03:00
~ 00:03:15

reaching a wider number of people will encourage consumer spending.

지원 대상의 폭이 넓어질수록 소비자 지출이 증진될 거란 겁니다.

And this is where we get the image of a helicopter

바로 여기서 사람들에게 현금을 뿌리는

dropping bundles of cash down on a crowd.

헬리콥터의 이미지가 연상되는 것이죠.

One way to finance this helicopter drop would be

이 헬리콥터 살포의 자금 확보를 위해선

00:03:15
~ 00:03:21

for the country's central bank to print more money.

국가 중앙은행이 돈을 더 많이 찍어내야 합니다.

Another way would be for governments to borrow money

또 다른 방법으로는 국가가 돈을 빌려

⏱ 00:03:21 ~ 00:03:23

17

adding to their national debt

국가 부채를 늘리는 것이죠.

어휘

debt [det]   명 빚, 부채

ex) I finally have enough money to pay off my debts.
마침내 내 빚을 갚을 만큼 충분한 돈을 가지고 있다.

⏱ 00:03:23 ~ 00:03:27

18

Q. 다음 단어를 우리말 의미에 맞게 알맞은 순서로 배열하세요.

어순배열

이 돈을 나눠주는 방법으로는

to distribute the dough / methods / that have been
proposed

관계대명사 that 앞에 나온 methods가 바로 선행사 역할을 합니다.

24

00:03:27
~ 00:03:34

include mailing out prepaid cards

선불카드를 우편으로 보내주거나

or simply showing ID at a bank to claim the debit cash.

은행에서 신분증 확인을 하고 체크카드를 지급하는 것이 제안됐죠.

⏱ 00:03:34 ~ 00:03:37

19

Some governments are beginning to give it a go.

몇몇 정부들은 이 방법을 시도하고 있습니다.

표현

Some governments are beginning to~

몇몇 정부들은 ~하기 시작합니다.

ex) Some governments are beginning to take different steps to address this problem.
몇몇 정부들은 이 문제를 해결하려고 다른 조치들을 취하기 시작합니다.
Some governments are beginning to understand the need for change.
몇몇 정부들은 변화의 필요성을 이해하기 시작합니다.

어떤 일을 하기 시작했다고 할 때 be beginning to를 사용하는데요, Some governments are beginning to~라고 하면 '몇몇 정부들은 ~하기 시작합니다'의 의미입니다.

00:03:37
~ 00:03:52

The Hong Kong government,

홍콩 정부는,

which has a history of cash handouts,

이미 현금 지급 사례가 있었고,

announced, in February, plans to give permanent residents

2월 발표에서 영주권자에게 1만 홍콩 달러

10,000 Hong Kong dollars

미화로는 1,280달러 지급 계획을

or 1,280 US dollars.

내놓았습니다.

⏱ 00:03:52 ~ 00:03:55

20

It's hoping the extra spending money

추가 지출을 도모하여

어휘

extra [ékstrə]   형 추가의, 여분의

ex) There will be an extra charge for that.
그것에 대한 추가 요금이 발생할 겁니다.

00:03:55
~ 00:04:16

will help mitigate the economic double whammy

수차례 시위에 이어 찾아온 팬데믹의 경제적 이중고를

of amounts of protest followed by the pandemic.

경감시키려는 의도이죠.

In March, US policy makers approved

3월, 미국 정책 입안자들은

a coronavirus stimulus package,

코로나바이러스 부양책을 승인했습니다.

which sends out $1,200 to every adult

특정 소득 수준 이하의 모든 성인들에게

earning below a certain level.

1,200달러를 지급하는 것이죠.

Other countries around the world are

전 세계 여러 국가도

⏱ 00:04:16 ~ 00:04:18

21

also considering similar schemes.

비슷한 방안을 고민 중에 있습니다.

어휘

similar [símələr]　　　　　형 비슷한, 흡사한, 유사한

ex) You look familiar to me.　　낯이 익네요.

00:04:18
~ 00:04:31

However, the idea of direct cash handouts certainly isn't new.

하지만 직접적인 현금 지급이 전혀 새로운 발상은 아닙니다.

The term helicopter drop itself

헬리콥터 드롭이란 표현 자체는

was coined by economist Milton Friedman in 1969,

경제학자 밀턴 프리드먼이 1969년에 처음 썼는데,

⏱ 00:04:31 ~ 00:04:35

22

Q. 다음 빈칸에 들어갈 가장 알맞은 것을 고르세요.

4지선다

실제적인 정책안보다는 사고 실험에 가까웠죠.

as a thought experiment rather _____ as a practical policy tool,

(A) then

(B) as

(C) more

(D) than

정답 (D)

00:04:35
~ 00:04:45

but the suggestion that relatively small increases in the money supply

하지만 비교적 적은 양이라도 재정적 지원이 증가하면

will feed demand

욕구가 충족된다는 주장은

goes back much further to economist John Maynard Keynes,

경제학자 존 메이너드 케인스까지 거슬러 올라갑니다.

⏱ 00:04:45 ~ 00:04:48

23

who was searching for ways to revive the economy

대공황 이후 경제를 회복할 방안을

어휘

revive [riváiv]   동 회복시키다, 되살아나다

ex) The doctors were unable to revive her.
의사들은 그녀를 되살아나게 할 수 없었다.

00:04:48
~ 00:04:57

after the Great Depression.

찾던 인물이죠.

One real life example is Japan,

그 실제 사례가 일본입니다.

which doled out $6 billion worth of "shopping coupons"

잔인했던 1999년 경기 침체 시기에

to 31 million people during a brutal recession in 1999.

60억 달러 규모 "쇼핑 쿠폰"을 3,100만 명에게 지급했죠.

The program which required recipients

수혜자는 이 쿠폰을 반드시

to use the coupons locally within six months

지역 내에서 6개월 이내에 써야 했는데

is viewed as a moderate success in the country

이것은 자국민에게 성공적인 대응으로 평가되고 있고

with the government even rolling out a similar program ten years later.

10년 후에도 이 정부는 비슷한 정책을 시행 중입니다.

🕐 00:05:15 ~ 00:05:20

24

Q. 다음 빈칸에 들어갈 알맞은 어휘를 써보세요.

쓰기

과연 공짜 돈을 반대할 사람이 누가 있을까요?

So why would anyone be _____ the idea of free money?

숙어로 be against는 '~에 반대하다'입니다. 정답) against

25

Well, there are **some practical roadblocks.**

글쎄요, 사실 현실적인 장애물이 좀 있습니다.

표현

There are~

~이 있어요.

ex) **There are some practical issues to be taken into account.**
고려되어야 할 현실적인 문제들이 좀 있어요.
There are a lot of criminals in big cities.
대도시에는 범죄자들이 많다.

유도부사 there 다음에 be동사 are가 나와 There are~처럼 표현하면 '~이 있어요'로 여기서 be동사 다음에는 복수명사가 오죠. 이 복수 명사가 문장의 실제적인 주어 역할을 합니다.

For example,

예를 들어

many governments don't have a full database

대다수 정부가 자국민에 대한 총체적인 데이터를

of each and every one of their citizens.

갖고 있지 않습니다.

26

There's also the fear that once people get the taste for it,

또한 사람들이 한번 맛을 들이면 계속 요구할지 모른다는

fear [fiər]　　　　　　　　　명 두려움, 불안, 공포

ex) A lot of people live in fear of uncertainty.
많은 사람들이 불확실성의 두려움 속에 산다.

00:05:34
~ 00:05:47

they will keep asking for more.

우려도 있죠.

In the long-term, that could lead to runaway inflation.

장기적으로는 걷잡을 수 없는 인플레이션으로 이어질 수 있습니다.

Although, this may be less of the concern these days

물론 요즘처럼 인플레이션율이 역사상 최저점에 가까운 시기엔

with inflation rates at historically low levels.

걱정이 덜 되는 부분입니다.

27

There is also the theory that

그리고 이런 이론도 있습니다.

표현

There is also~

역시 ~이 있어요.

ex) There is also a great joy in ageing.
나이 들어가면서 또한 큰 즐거움이 있다.
There is also another way to solve the problem.
그 문제를 해결할 수 있는 또 다른 방법이 있어요.

> 영어로 there is~는 '~이 있다'이며 부사 also는 '역시', '또한'의 뜻으로 There is also~
> 처럼 말하면 '역시 ~이 있어요'가 됩니다.

∴ Subtitles ∴

00:05:48
~ 00:05:54

if people know their taxes may arise in the future

헬리콥터 드롭을 충당하기 위해 앞으로 세금을 더 내야 할 것을

to pay for a helicopter drop,

사람들이 알게 된다면

28

they will simply save the money to meet this future obligation.
미래의 납세 의무를 위해 돈을 아껴둘 것이란 거죠.

스피킹

they will simply save the money to meet this future obligation.
미래의 납세 의무를 위해 돈을 아껴둘 것이란 거죠.

동사로 meet은 '만나다'지만 때로는 '충족시키다'라는 의미도 됩니다. 즉 meet this future obligation은 '이 미래의 의무를 충족시키기 위해'로 they will simply save the money to meet this future obligation. 처럼 표현하면 '미래의 납세 의무를 위해 돈을 아껴둘 것이란 거죠.'입니다. 전체 문장을 '데이 윌 씸쁠리 쎄이ㅂ 더 머니 투 미잇 디ㅆ 쀼 우쳐ㄹ 아블러게이션'처럼 발음하면 됩니다.

00:05:58
~ 00:06:03

But supporters of the idea say
하지만 이 방안을 지지하는 이들은

this doesn't necessarily reflect the decisions
사람들이 실제 생활에서 마주하는

29

people would make in the real world when faced with immediate needs.

즉각적인 필요에 대한 결정에는 영향을 주지 않는다고 말합니다.

immediate [imíːdiət]　　　　　형 시급한, 즉각적인

ex) We need your immediate support.
　　우리는 당신의 즉각적인 지원이 필요합니다.

00:06:08
~ 00:06:16

During the Great Recession in 2008,

2008년 대침체 기간에

the US government sent out 100 billion dollars in tax rebates

미국 정부는 천억 달러의 세금 환급금을

00:06:16
~ 00:06:27

called economic stimulus payments

경기 부양 지급금 명목으로

to 130 million taxpayers.

납세자 1억 3천만 명에게 지급했습니다.

Unfortunately, the money wasn't able to stop the recession from taking hold.

애석하게도 이 지급금은 경기 침체를 막지 못했죠.

⏱ 00:06:27 ~ 00:06:33

30

Q. 다음 빈칸에 들어갈 가장 알맞은 것을 고르세요.

4지선다

그리고 한 설문 조사 결과 수혜자의 20%만이

And one survey found only 20% of the people _____ received the checks

(A) which

(B) who

(C) what

(D) where

정답 (B)

00:06:33
~ 00:06:35

actually spent them.

그 돈을 썼다고 합니다.

⏱ 00:06:35 ~ 00:06:38

31

Another objection to a helicopter drop scheme

헬리콥터 드롭 대책을 반대하는 또 다른 의견은

어휘

objection [əbdʒékʃən]   명 반대, 이의

ex) I have no objection to the new system.
저는 새로운 시스템에 반대하지 않습니다.

∴ Subtitles ∴

00:06:38
~ 00:06:50

is that it's not a long-term solution.

이것이 장기적 해법이 아니란 겁니다.

It doesn't help workers keep their jobs

직장인들이 직업을 지켜내고

or find new ones if they're unemployed,

무직자들이 새 직업을 갖게 하진 못하죠.

and a one-time cash payment

게다가 단발성 현금 지급이

suddenly doesn't go as far as a steady paycheck.

갑자기 꾸준한 봉급을 대체할 순 없으니까요.

This suggests governments should focus instead

이것은 정부가 사업체들을 돕고

⏱ 00:06:56 ~ 00:07:01

32

on helping businesses, keep employees on their payrolls.

직장인들의 임금을 지켜내는 데 집중해야 함을 말해줍니다.

어휘

employee [implɔ́ii:]　　　　　명 직원, 종업원

ex) How many employees do you have?　직원이 몇 명이죠?

But even this option still leaves many people in the economy,

하지만 이 방안도 개인사업자나 하청업자를 비롯한

like self-employed workers or contractors behind.

수많은 사람들을 배제하게 됩니다.

33

Q. 다음 단어를 우리말 의미에 맞게 알맞은 순서로 배열하세요.

어순배열

가장 크다고 할 수 있는 또 다른 문제는 바로 정치입니다.

which may be the biggest / another problem / is political

_____

구조상 which 다음에 주어가 보이지 않으므로 which는 주격 관계대명사 역할을 합니다.

34

It will be a momentous decision to **create these large sums of money.**

이렇게 큰 액수를 마련하는 것은 매우 중요한 결정이 될 것입니다.

표현

It will be a momentous decision to~
~하는 것은 중요한 결정이 될 것입니다.

ex) It will be a momentous decision to stop doing business with China.
중국과 거래를 그만두는 것은 중요한 결정이 될 것입니다.
It will be a momentous decision to shutter schools.
학교들을 닫는 것은 중요한 결정이 될 겁니다.

어떤 일을 하는 것이 때론 중요한 결정이 될 거라고 생각될 때 It will be a momentous decision to~라고 합니다. 형용사 momentous는 '중요한', '중대한'으로 '~하는 것은 중요한 결정이 될 것입니다'의 뜻이 되죠.

Can free money solve the coronavirus crisis **39**

Doling out cash to the general population

국민 대다수에게 현금을 배분하는 건

goes far beyond the job description of unelected central bankers.

비선출직인 중앙은행 직원들의 업무 범위를 훨씬 넘어섭니다.

In many countries,

많은 국가들에선,

⏱ 00:07:26 ~ 00:07:28

35

such a move would be illegal.

이런 행동이 불법이기도 합니다.

어휘

illegal [ilíːgəl]　　　　　　　형 불법적인

ex) Parking in this area is illegal.　이 지역에 주차하는 것은 불법입니다.

00:07:28
~ 00:07:46

Central banks and governments would also have to work together

헬리콥터 지원금을 마련하고 지급하려면

to create and distribute the helicopter money.

중앙은행과 정부의 공조가 또한 필요합니다.

But if governments simply directed central banks to print the money,

하지만 정부가 단순히 중앙은행에 돈을 찍어내라고 지시한다면

this would challenge the idea that

이것은 그들이 독립적인 결정을

they should make decisions independently.

해야 한다는 발상과도 대치되고 맙니다.

In the Euro zone,

유럽권에서는

🕐 00:07:46 ~ 00:07:50

36

this coordination could be particularly tricky

이 협력이 특히나 까다롭습니다.

어휘

particularly [pərtíkjulərli] ⊕ 특히, 특별하게, 상세히

ex) We're particularly worried about the increase in traffic accidents.
우린 특히 교통사고 증가에 대해 걱정하고 있습니다.

37

because of **the divide between the European Central Bank,**

왜냐하면 금융정책을 관장하는

표현

Because of~

~ 때문에

ex) Because of the economic situation,   경제 상황 때문에,
Because of bad weather,   악천후로,

이유를 말할 때 사용하는 because of는 전치사구로 '~ 때문에'의 뜻입니다. 보통 뒤에 명사 또는 명사구가 나오게 됩니다.

∴ Subtitles ∴

00:07:53
~ 00:08:02

which looks after monetary policy,

유러피언 중앙은행과

and National governments,

조세와 경비에 대한

which retain control over taxation and expenditure.

통제 권한을 쥔 각국 정부가 분리돼 있기 때문이죠.

38

In a worst case scenario,
최악의 경우

스피킹

In a worst case scenario,
최악의 경우

어떤 일이든 좋은 때가 있고 나쁜 때가 있기 마련입니다. '최악의 경우'를 네이티비들은 in a worst case scenario라고 표현합니다. 다시 말해서 '최악의 사태'를 뜻하는 거죠. 전체 문장을 '이너(in a) 워ㄹ쓰 케이ㅆ(worst case) 씨네어뤼오우'처럼 발음하면 됩니다.

∴ Subtitles ∴

00:08:03
~ 00:08:10

these measures could ultimately result in the loss of trust in central banks
이러한 조치는 결과적으로 중앙은행과 그들이 발행하는 화폐에 대한

and the currencies they print,
신뢰도를 떨어뜨릴 수 있습니다.

39

which some argue could undermine our financial system completely.

이것이 우리의 금융 시스템을 완전히 약화시킬 거란 지적도 나오죠.

어휘

undermine [ʌndərmaɪn]   동 서서히 쇠퇴시키다, 약화시키다

ex) Jane totally undermined my self-esteem.
제인은 완전히 내 자존감을 건드렸다.

∴ Subtitles ∴

00:08:15
~ 00:08:30

For the helicopter drop to stimulate spending,

지출을 진작시킬 헬리콥터 드롭이 시행되려면

the public must believe it's to be a unique event

프리드먼이 그의 사고 실험에서 묘사한 것처럼

which will never be repeated

이것이 반복되지 않고

as described by Friedman in his thought experiment.

일회성 이벤트로 끝날 것을 대중이 믿어야만 합니다.

Although dishing out cash to the general public

대다수 국민에게 현금을 지급하는 것은

44

00:08:30
~ 00:08:42

might sound like a desperate measure.

어쩌면 매우 절박한 방안으로 들립니다.

It's also a powerful weapon of last resort

이것은 또한 정부와 중앙은행이

for governments and central bankers

소비자의 욕구 충족에 실패했을 때 쓸

seeking to combat falling consumer demand.

강력한 최종 병기이기도 하죠.

⏱ 00:08:42 ~ 00:08:45

40 **As dark clouds form on the horizon,**

지평선에 먹구름이 끼기 시작할 때

어휘

horizon [həráizn]   명 지평선, 수평선

ex) The sun dropped below the horizon. 태양이 수평선 아래로 내려갔다.

00:08:52
~ 00:09:01

how would you use your helicopter money?

여러분은 헬리콥터 지원금을 어떻게 쓰실 건가요?

Well, let us know in the comments section

댓글로 의견을 알려주세요.

and don't forget to subscribe.

구독도 잊지 마세요.

I will see you soon.

다음에 또 뵙겠습니다.

⏱ 00:08:45 ~ 00:08:49

41

Don't be surprised if you hear those Choppers heading your way.

헬리콥터가 소리가 점점 가까워져도 놀라지 마십시오.

스피킹

Don't be surprised.

놀라지 마십시오.

어떤 사실을 알고 난 뒤 놀라지 말라고 얘기할 때 Don't be surprised. 처럼 말하는데요, 의미는 '놀라지 마십시오.'로 전체 문장을 '던 비 써ㄹ프롸이즈ㄷ'처럼 발음하면 됩니다.

42

Hi, guys. Thank you so much for **watching.**

안녕하세요, 여러분 시청해주셔서 감사합니다.

표현

Thank you so much for~

~에 대해 대단히 감사합니다.

ex) Thank you so much for the information.
정보 정말 고맙습니다.
Thank you so much for inviting us to your party.
저희를 파티에 초대해주셔서 대단히 감사합니다.

고마움을 표현하는 방법이 다양한데요. 그중에 Thank you so much for~는 '~에 대해 대단히 감사합니다'의 뜻입니다. 여기서 전치사 for 다음에는 명사나 동명사가 나오죠.

MEMO

02

Is a global debt
crisis coming

Total worldwide debt has never been higher

전 세계 총부채는 그 어느 때보다 높습니다.

and yet there's little sign of this current wave retreating anytime soon.

그러나 이런 현재 흐름이 회복될 조짐은 거의 보이지 않습니다.

Now with the coronavirus outbreak being declared a pandemic,

이제 코로나바이러스가 팬데믹으로 선언되자

governments have announced hundreds of billions of dollars

각국 정부는 수천억 달러 규모의 경기 부양책을 발표하며

in stimulus packages that will send debt even higher.

더 많은 빚을 지게 됐습니다.

So just how worried should we be

그럼 우리는 모든 것이 무너질까 봐

if it all comes crashing down,

얼마나 걱정해야 하는 걸까요?

CNBC EXPLAINS Is a global debt crisis coming?

CNBC가 설명해드립니다 전 세계적 부채 위기가 오고 있는 걸까요?

01

Global borrowing has been growing rapidly,

전 세계의 차입금이 급속히 증가하고 있습니다.

표현

~has been growing rapidly

~은 급속히 증가하고 있었습니다.

ex) The Korean economy has been growing rapidly over the past few years.
한국 경제는 지난 몇 년에 걸쳐서 급속히 성장하고 있었습니다.
Air traffic has been growing rapidly in recent years.
항공 교통이 요즘에 급속히 증가하고 있었다.

경제가 빠른 성장을 보여주고 있었다고 할 때 ~has been growing rapidly 패턴을 활용해서 표현할 수 있습니다. 즉 '~은 급속히 증가하고 있었습니다'의 뜻이랍니다.

∴ Subtitles ∴

so rapidly that many are concerned it is quickly becoming unsustainable.

빠르게 지속 불가능한 상태가 될 것을 많은 이들이 염려할 만큼 빠른 속도죠.

The Institute of International Finance estimates total worldwide debt,

국제금융연구소는 가계, 회사 정부의 차입금으로 구성된

00:00:38
~ 00:00:46

which is made up of borrowings from households, companies and governments,

전 세계 총부채가 2019년 9월 말까지

surge to staggering 253 trillion dollars at the end of September 2019.

253조 달러로 급증할 거라 추산합니다.

00:00:49 ~ 00:00:51

02

That's a whole lot of debt

어마어마한 양의 부채인데요.

어휘

debt [det]   명 빚

ex) I'm up to my neck in debt.   난 빚에 허덕이고 있다.

00:00:51
~ 00:01:02

more than 3 times the annual economic output of the entire world.

전 세계 연간 경제 생산량의 3배에 달하죠.

It works out to roughly $32,500 of debt

지구상의 77억 인구가

for each of the 7.7 billion people on the planet.

약 32,500달러의 빚을 지는 셈입니다.

What's more,

게다가

the group says this figure is only going to increase,

국제금융연구소는 이 수치가 계속 증가할 것이라 말합니다.

03

Q. 다음 빈칸에 들어갈 알맞은 어휘를 써보세요.

쓰기

세계은행은 이 부채 파동의 속도와 규모를 두고

The world bank _____ **the speed and scale of this debt wave**

동사로 believe는 '믿다'입니다. 정답) believes

is something we should all be worried about.

우리 모두가 걱정해야 할 일이라 믿고 있습니다.

So much so,

상황이 이렇다 보니,

the group has urged governments around the world

국제금융연구소는 세계 각국 정부에 이 문제를

04

to make it a primary concern.

최우선 과제로 삼으라고 권고해왔습니다.

어휘

primary [práimeri]　　　형 주된, 기본적인, 주요한

ex) Our primary concern is the welfare of the child.
우리의 주된 관심사는 아이의 복지이다.

05

But let's take it a step back.

하지만 한 걸음 뒤로 물러나 보죠.

표현

Let's~

~합시다.

ex)　Let's take a walk.　　　　산책합시다.
　　Let's call it a day.　　　　그만 퇴근합시다.

뭔가를 함께 하자고 제안할 때 Let's~처럼 말하는데요. '~합시다'로 let's는 let us의 줄임말이에요. 바로 뒤에 동사 원형이 나옵니다.

00:01:21
~ 00:01:25

Put simply,

간단히 말해서

debt is created when one party borrows from another.

부채는 한쪽이 다른 사람의 돈을 빌릴 때 발생합니다.

It allows individuals to buy something they wouldn't normally be able to afford.

일반적인 상황이라면 살 수 없는 것들을 살 수 있게 해주죠.

That has its benefits.

빚도 나름의 장점이 있습니다.

For example,

예를 들면,

you might take on that when you get a loan to buy a car

대출을 받아 차를 산다거나

or mortgage on a house.

주택 융자를 받기도 하죠.

This allows you to pay back the cost of those investments over time

투자 비용을 한 번에 내는 대신 긴 시간에 걸쳐

instead of all at once.

지불하게 해줍니다.

The cost of the service is the interest rate.

이 서비스의 비용은 바로 이자율입니다.

At present, interest rates around the world have fallen

현재 전 세계적으로 이자율은 역사상 손에 꼽힐 만큼

to historically low levels.

낮은 상태입니다.

06

This has made it cheap to borrow from banks

덕분에 은행 대출을 싸게 이용할 수 있고

어휘

cheap [ʧiːp]　　　　　　　　형 저렴한, 싼

ex) The fruit there is really cheap.　그곳에 과일은 정말 싸다.

∴ Subtitles ∴

meaning businesses can make large investment

그것은 기업이 대규모 투자를 하거나

and homeowners don't need to spend as much on their monthly mortgage payments.

주택 소유자들이 주택 융자 상환에 더 적은 비용을 지출하게 합니다.

07

Q. 다음 빈칸에 들어갈 알맞은 어휘를 써보세요.

쓰기

하지만 낮은 이자율로 인한 문제점도 있습니다.

There are _____ to a low rate environment though.

명사로 drawback는 '문제점', '결점'을 뜻합니다. 정답) drawbacks

00:02:00
~ 00:02:14

Individuals aren't likely to see much of a return on their savings

개인은 저축에 대해 큰 수익을 기대할 수 없게 되고

and both people and businesses could load up on too much cheap debt

개인과 기업 모두 낮은 금리의 대출이 쌓일 수 있죠.

something we're seeing now.

지금 벌어지고 있는 일입니다.

Governments take on debt, too,

정부도 부채를 떠안습니다.

which they can use to stimulate the economy by funding

정부는 이 돈으로 경기 부양을 도모하는데

🕐 00:02:14 ~ 00:02:18

08

infrastructure projects, social programs and more.

기반 시설 프로젝트나 사회 프로그램 등에 투자하죠.

어휘

social [sóuʃəl]   형 사교적인, 사회의

ex) There are a lot of social issues such as unemployment and homelessness.
실업이나 노숙자와 같은 많은 사회적 문제들이 있습니다.

00:02:18
~ 00:02:28

How much a country's government owes is known as sovereign debt.

한 나라의 정부가 진 빚을 일컬어 국가 채무라고 합니다.

Sovereign debt is very different how you might think about debt

국가 채무는 개인이 생각하는 빚의 개념과는

as an individual.

매우 다릅니다.

But one thing they both have in common is that

그러나 공통점이 있는데

⏱ 00:02:28 ~ 00:02:32

09

Q. 다음 단어를 우리말 의미에 맞게 알맞은 순서로 배열하세요.

어순배열

너무 많이 빌리면 문제가 생기기 시작한단 것이죠.

problems tend to rise / becomes excessive / when that borrowing

_____

동사 tend 다음에 to부정사가 나오면 '경향이 있다' 또는 '~하기 쉽다'라는 뜻입니다.

00:02:32
~ 00:02:39

loans to countries with developed economies

선진국도 대출을 받습니다.

like Canada, Denmark or Singapore

캐나다, 덴마크, 싱가포르처럼요.

are generally seen as safe investments.

일반적으로 이들은 안전한 투자로 간주됩니다.

⏱ 00:02:39 ~ 00:02:42

10

That's because even if governments spend beyond their means,

정부가 분수에 넘치는 지출을 하더라도

표현

Even if~

비록 ~일지라도, 설사 ~라고 할지라도

ex) **I'll never speak to him again, even if he apologizes.**
그가 비록 사과를 할지라도 결코 다시는 그와는 얘기하지 않을 것이다.
Even if we could afford it, we wouldn't go abroad for our holidays.
비록 우리가 여유가 있다고 해도, 우리는 해외로 휴가 가지 않을 것이다.

> 가정해서 말하는 게 사실인지 아닌지, 또는 실제로 벌어질지 아닐지 확실하지 않을 때
> Even if~라고 합니다. 의미는 '비록 ~일지라도', '설사 ~라고 할지라도'입니다.

∴ Subtitles ∴

00:02:42
~ 00:02:46

lawmakers can raise taxes or print more money

입법자들이 세금을 올리거나 돈을 더 많이 발행해서

11

to ensure they pay back what they owe.

빌린 돈을 갚을 거란 보장이 있기 때문이죠.

어휘

ensure [inʃúər]   동 확실하게 하다, 보장하다

ex) This medicine will ensure you a good night's sleep.
이 약이 당신에게 충분한 숙면을 보장할 것입니다.

∴ Subtitles ∴

00:02:48
~ 00:02:58

But loans to governments in emerging markets

그러나 신흥 시장의 정부에 대한 대출은

are generally seen as much riskier

일반적으로 훨씬 더 위험하다고 여겨집니다.

which is why these countries will sometimes issue debt

그래서 이런 국가들은 종종 더 안정적인 외화로

in a foreign, more stable currency.

부채를 발행하죠.

12

Although this allows them to attract more investors from abroad

비록 이것이 더 큰 수익을 원하는 전 세계 투자자 유치엔

어휘

attract [ətrǽkt]   동 유혹하다, 끌다, 유치하다

ex) What was it that attracted you to the job?
그 일에 당신을 끌어들인 게 뭐였죠?

00:03:01
~ 00:03:09

looking for bigger returns,

유리할지 몰라도

an economic slump, weak home currency

경기 침체, 국내 통화의 약세

or a high debt burden

큰 부채 부담으로 인해

can make it difficult for the government to pay them back.

정부가 대출금 상환에 어려움을 겪을 수 있습니다.

⏱ 00:03:09 ~ 00:03:13

13

Q. 다음 빈칸에 들어갈 가장 알맞은 것을 고르세요.

4지선다

궁극적으로 국가 채무에 있어 가장 중요한 리스크는

Ultimately, the most _____ risk when it comes to national borrowing

(A) important   (B) unlikely

(C) timid   (D) interesting

정답 (A)

00:03:13
~ 00:03:17

is that a country may fall behind on its debt obligations and default.

한 나라가 채무 이행과 부도를 감당 못 하게 되는 것입니다.

⏱ 00:03:17 ~ 00:03:19

14

This isn't common,

흔한 일은 아니지만,

어휘

common [kɑ́mən]   형 흔한, 일반적인, 공통의

ex) We both had a common interest.   우리 둘 다 같은 취미를 가졌다.

∴ Subtitles ∴

00:03:19
~ 00:03:29

but it has happened.

이미 전례가 있습니다.

Take Lebanon in 2020,

2020년 레바논이 그랬고

Argentina in 2001

2001년 아르헨티나

and Russia in 1998.

1998년에는 러시아도 겪었죠.

Over the last 50 years,

지난 50년 동안

15

there have been 4 waves of debt accumulation.

4번의 누적 채무 파동이 있었습니다.

어휘

wave [weiv]　　　　　　명 파도, 파동, 변화

ex) Huge waves were crashing into the sides of the boat.
거대한 파도들이 보트 측면에 부딪치고 있었다.

∴ Subtitles ∴

00:03:31
~ 00:03:34

We're currently in the midst of the 4th wave.

우리는 현재 그 4번째 파동을 겪고 있죠.

16

So what can we learn from the first three?

우리는 세 번의 경험에서 무엇을 배울 수 있을까요?

표현

What can we~?

우리가 무엇을 ~할 수 있을까요?

ex) What can we do for you?　　우리가 널 위해 뭘 할 수 있을까?
What can we do for the earth?
우리가 지구를 위해 무엇을 할 수 있을까요?

자신들이 할 수 있는 일이 무엇인지 궁금해서 하는 말이 What can we~?입니다. 의미는 '우리가 무엇을 ~할 수 있을까요?'예요.

Well for one,

우선 첫 번째로,

none of them have had a happy ending.

해피엔딩은 단 한 번도 없었습니다.

Let's start with the first wave.

첫 번째 파동부터 시작해보죠.

In the 1970s,

1970년대,

many Latin American countries began to borrow

많은 라틴 아메리카 국가들이 어마어마한 돈을

extensive amounts of money from US commercial banks and other creditors

미국 상업은행과 채권사로부터 빌리기 시작했습니다.

⏱ 00:03:51 ~ 00:03:53

17

to support their development.

개발을 지원하기 위해서였죠.

어휘

support [səpɔ́ːrt]   동 지지하다, 지원하다

ex) **We won't be able to support you.**
우리는 당신을 지원할 수 없을 겁니다.

64

00:03:53
~ 00:03:56

It didn't seem like a problem at the time.

당시에는 문제처럼 보이지 않았습니다.

Interest rates were low

이자율은 낮았고

⏱ 00:03:56 ~ 00:03:59

18

4지선다

Q. 다음 빈칸에 들어갈 가장 알맞은 것을 고르세요.

라틴 아메리카 경제가 번창하고 있었으니까요.

and Latin American economies were _____ .

(A) connecting   (B) facing

(C) flourishing   (D) processing

정답 (C)

But in the background, the debt wave was rising.

하지만 그 뒤에서는 부채 파동이 시작되고 있었습니다.

At the end of 1970,

1970년 말,

the region's total outstanding debt from all sources

그 지역의 미지급 총부채가

added up to 29 billion dollars.

총 290억 달러에 달하게 됩니다.

By the end of 1978,

1978년 말까지,

that number had shot up to 159 billion dollars.

이 수치는 1,590억 달러까지 치솟았고

4 years later, it had more than doubled to 327 billion dollars.

4년 후에는 그 2배가 넘는 3,270억 달러를 기록했죠.

In the 80s, major economies began hiking up their interest rates

80년대에 접어들어 주요 경제국들은 금리를 올리기 시작했습니다.

as they battled inflation.

인플레이션에 대한 대응책이었죠.

Oil prices were sliding

유가가 하락하고 있었고

19

and the world economy was entering a recession.

세계 경제는 불황으로 접어들고 있었습니다.

표현

~was entering a recession

~은 불황으로 접어들고 있었습니다.

ex) The Korean economy was entering a recession.
한국 경제는 불황으로 접어들고 있었다.
It was clear that the global economy was entering a recession.
세계 경제가 불황으로 접어들고 있었다는 것은 확실했다.

경기 침체로 불황으로 접어들고 있었다는 점을 언급하고 싶을 때 ~was entering a recession. 처럼 말하는데요, 숙어로 enter a recession은 '불황에 접어들다'로, 결국 '~은 불황으로 접어들고 있었습니다.'의 뜻이 되는 거죠.

∴ Subtitles ∴

00:04:30
~ 00:04:31

In 1982,

1982년,

20

The starting gun of the Latin American debt crisis was effectively
fired

라틴 아메리카 부채 위기의 신호탄이 제대로 발사됐습니다.

어휘

effectively [iféktivli]　　　부 효과적으로, 효율적으로

ex) She didn't deal with the problem very effectively.
그녀는 매우 효과적으로 문제를 처리하지 않았다.

when Mexico announced it would not be able to service its debts.

멕시코가 국가 채무 변제를 이행할 수 없다고 발표한 것이죠.

This move quickly sparked a meltdown across the region

이 사건으로 주변국들마저 빠르게 녹아내리기 시작해

with the fallout spreading to dozens of emerging economies worldwide.

전 세계 수십 개의 신흥 경제로 그 여파가 이어졌습니다.

Many countries in Latin America were forced to devalue their currency

라틴 아메리카의 많은 나라들은 산업 분야의 경쟁력을 유지하기 위해

to keep exposing industries competitive

매서운 경기 침체임에도 어쩔 수 없이

in the face of a sharp economic downturn.

그들의 통화 가치를 떨어뜨려야 했습니다.

Between 1981 and 1983,

1981년과 1983년 사이

21

쓰기

Q. 다음 빈칸에 들어갈 알맞은 어휘를 써보세요.

아르헨티나는 자국 통화를 미화 대비 40%나 약화시켰습니다.

Argentina _____ its currency against the US dollar by 40%,

명사 currency는 '통화'를 말합니다. 정답) weakened

∴ Subtitles ∴.

00:05:02
~ 00:05:07

Mexico by 33%,

멕시코는 33%

and Brazil by 20%.

브라질도 20%나 약화시켰죠.

22

어휘

Ultimately, 27 countries had to restructure their debts,

결국, 27개국이 채무 재조정을 해야 했는데

ultimately [ʌltɪmətli]   ♗ 결국, 궁극적으로

ex) Their efforts ultimately resulted in his release from prison.
그들의 노력으로 결국 그는 감옥에서 석방되었다.

00:05:11
~ 00:05:27

16 of them were in Latin America.

그중 16개국이 라틴 아메리카에 있었습니다.

The second wave ran from 1990 through to the early 2000s.

두 번째 파동은 1990년부터 2000년대 초반에 일었습니다.

It was unlike the first,

첫 번째와 달리

the debt accumulation in the private sector

민간 부문 누적 채무가

played much more prominent role.

훨씬 더 결정적 역할을 했죠.

In the late 80's and early 90's,

80년대 후반과 90년대 초

⏱ 00:05:27 ~ 00:05:31

23

many advanced economies deregulated their financial markets.

많은 선진국들이 금융시장 규제를 완화했습니다.

어휘

financial [finǽnʃəl]   휑 경제의, 재무의

ex) I work as a financial advisor.   저는 재정 고문으로 일하고 있습니다.

00:05:31
~ 00:05:43

The policy changes led to many banks consolidating

이런 정책 변화로 인해 많은 은행들이 통합되었고

and these bigger banks' operations became increasingly global.

더욱 비대해진 은행의 운영은 점점 더 글로벌해졌죠.

This helped prompt a massive surge of capital into emerging markets

이로 인해 신흥 시장에 대한 자본 유입이 급증했습니다.

with falling interest rates

금리 하락과

⏱ 00:05:43 ~ 00:05:48

24

and a slowdown in advanced economies also fueling the surge.

선진국의 경기둔화도 이 현상을 부추겼죠.

어휘

advanced [ædvǽnst]　　　형 진보한, 앞선

ex) This is the most advanced computer on the market.
이것은 시판중인 것 중에 가장 최첨단 컴퓨터입니다.

00:05:48
~ 00:05:57

Developing economies began to rack up a lot of debt.

개발도상국들은 많은 빚을 지기 시작했습니다.

Most notably Indonesia,

대표적으로 인도네시아

South Korea,

대한민국

Malaysia, the Philippines and Thailand.

말레이시아, 필리핀, 태국이 있죠.

⏱ 00:05:57 ~ 00:06:01

25

Q. 다음 단어를 우리말 의미에 맞게 알맞은 순서로 배열하세요.

어순배열

하지만 늘어나는 부채의 물결은 거의 주목을 받지 못했습니다.

yet / went largely unnoticed / this growing wave of debt

현재분사 growing은 '늘어나는'의 뜻으로 뒤에 나오는 명사 wave를 꾸며줍니다.

00:06:01
~ 00:06:11

You see debt was growing rapidly,

부채가 빠르게 증가하는 것이 보이지만,

but so was GDP meaning the ratio between the two stayed consistent.

GDP 역시 상승 중이니 둘 사이의 비율은 유지된 셈이죠.

And most of the debt was hidden in the private sector.

그리고 대부분의 빚은 민간 부문에 숨겨져 있었습니다.

⏱ 00:06:11 ~ 00:06:14

26

A currency crisis in Mexico in 1994

1994년 멕시코 통화 위기는

어휘

crisis [kráisis]   명 위기, 사태

ex) Turkey is facing a currency crisis.   터키는 통화 위기에 직면하고 있다.

∴ Subtitles ∴

00:06:14
~ 00:06:21

thrust international investors back into panic mode

국제 투자자들을 다시 공황 상태에 몰아넣습니다.

with the country's default a decade earlier still fresh in people's minds.

10년 전의 국가 채무 불이행이 여전히 사람들의 마음속에 생생했죠.

Yet, while the 50 billion dollar bailout from the US and the IMF

미국과 IMF의 500억 달러 규모 구제금융은

meant Mexico was not really able to avoid a default,

멕시코가 채무 불이행을 피할 수 없음을 의미했고

this time around, it wasn't enough to stop panic spreading to other countries.

이번에는 다른 나라로 이 공포가 확산되는 걸 멈추기엔 역부족이었습니다.

It led to an abrupt stop and reversal of capital flows in 1997.

그것은 1997년 자본 흐름의 갑작스러운 중단과 역류로 이어졌죠.

🕐 00:06:37 ~ 00:06:43

27

By this point, Indonesia, South Korea, Malaysia, the Philippines and Thailand

이 시점에서 인도네시아, 한국, 말레이시아, 필리핀, 태국은

표현

by this point
이 시점에서

ex) By this point, there's nothing we can do.
이 시점에서, 우리가 할 수 있는 것은 아무것도 없다.
By this point, we must do everything to move forward.
이 시점에서, 우리는 앞으로 나아가기 위해서는 모든 것을 해야만 한다.

숙어로 by this point는 '이 시점에서'라는 뜻입니다. 명사 point에는 '(시)점', 또는 '순간'이라는 의미가 있어요.

28

had developed the dependence **on borrowing.**

부채 의존도가 이미 높아져 있었습니다.

dependence [dipéndəns]　명 의지, 의존

ex) We need to reduce our dependence on oil as a source of energy.
우리는 에너지의 원천으로써 석유에 대한 의존도를 줄여야만 한다.

00:06:46
~ 00:07:07

Coupled with several policy failings,

몇 가지 정책 실패와 함께

this helped usher in a crisis in East Asia's financial sector

이것은 동아시아 금융 위기를 초래하게 됩니다.

and ultimately another global downturn.

그리고 궁극적으론 또 다른 세계적 침체로 이어지죠.

While those impacted by the Asian financial crisis recovered,

사람들이 아시아 금융 위기의 여파에서 회복하는 동안

international borrowing carried on at a brisk pace.

국제적 대출이 활발하게 이루어졌습니다.

Entered the third global debt wave

세 번째 글로벌 채무 파동은

which lasted from 2002 to 2009.

2002년부터 2009년까지 지속되었습니다.

29

At the end of the previous century,

지난 세기말

스피킹

At the end of the previous century,

지난 세기말

> 숙어로 at the end of는 '~의 말에'라는 뜻입니다. 다시 말해서 at the end of the previous century처럼 표현하면 '지난 세기말'의 되는 거죠. 전체 문장을 '앳 디 엔더 ㅂ (end of) 더 프뤼이뷔어 ㅆ 쎈춰뤼'처럼 발음하면 됩니다.

∴ Subtitles ∴

the United States removed barriers between commercial and investment banks

미국은 상업은행과 투자은행 사이의 장벽을 제거했고

while the European Union encouraged cross-border connections between lenders.

유럽 연합은 대출 기관들의 국가 간 교류를 장려했습니다.

30

This paved the way for **the formation of so-called megabanks.**

이것은 소위 메가 뱅크의 형성을 위한 길을 닦았습니다.

표현

This paved the way for~

이것은 ~위한 길을 닦았습니다.

ex) This new law paved the way for more rights for disabled people.
이 새로운 법이 더 많은 장애자들의 권리를 위한 길을 닦았습니다.
This paved the way for human rights.
이것으로 인권의 길이 열리게 되었다.

> 우리말에 '~위한 길을 닦았다', '~을 가능하게 했다'를 영어로는 paved the way for라고
> 합니다. '~을 위한 길을 열었다'의 뜻인 거죠.

∴ Subtitles ∴

00:07:21
~ 00:07:26

These banks led the way in a sharp increase in private-sector borrowing

이들 은행은 민간 부문 대출에서 큰 폭의 증가를 주도했습니다.

31

particularly **in Europe and Central Asia.**

특히 유럽과 중앙아시아에서요.

어휘

particularly [pərtíkjulərli]   ㈜ 특히, 특별하게

ex) I'm particularly worried about cancer.   난 특히 암이 걱정이 돼.

Defaults in the US subprime mortgage system

미국 서브프라임 모기지 시스템의 채무 불이행은

powered more and more pressure on the country's financial system,

국내 금융 시스템에 더욱 큰 부담을 안기며

pushing it to the brink of collapse in the second half of 2007 and 2008.

2007년 하반기부터 2008년까지 붕괴 직전까지 내몰았습니다.

The shockwaves reverberated across the world

그 충격파는 전 세계에 전해졌으며

with one economy after another falling into deep

여러 나라 경제가 차례로 아주 깊은

or be at a short-lived recession.

혹은 단기적 경기 침체에 빠져들었죠.

In the US, the 2009 recession was so severe

미국에선 2009년 경기 침체가 매우 심각해

that output in the world's largest economy sank to its lowest level

세계 최대 경제 대국의 생산량이 대공황 이후 최저 수준으로

since the Great Depression.

추락하고 맙니다.

32

The World Bank says we're currently in the midst of fourth wave of global debt

세계은행에 따르면 우리는 현재 네 번째 세계 부채 파동 속에 있고

어휘

midst [midst]　　　　　명 중앙, 한복판

ex) She was brought up in the midst of the Second World War.
그녀는 제2차 세계 대전이 벌어지고 있는 중에 자라났다.

33

Q. 다음 빈칸에 들어갈 가장 알맞은 것을 고르세요.

4지선다

역사가 반복되는 것을 피하기 위해서는

and if we're to _____ history repeating itself, yet again,

(A) construct　　　　　(B) avoid

(C) answer　　　　　　(D) detract

정답 (B)

governments must make debt management and transparency

정부가 부채 관리와 투명성을 최우선 과제로

a top priority.

삼아야 한다고 말합니다.

This wave of global debt is thought to share

이러한 세계적 부채 파동은

many of the same characteristics as a previous three

세 번의 지난 파동 때와 많은 공통점을 갖고 있습니다.

including prolonged periods of low interest rates

장기간 지속되는 낮은 금리와

and changing financial landscapes, which encourage more borrowing.

더 많은 대출을 독려하는 금융 생태의 변화 등이죠.

But the World Bank has called the current wave

그러나 세계은행은 현재의 파동을 일컬어

the largest, fastest and most broad-based of them all.

가장 크고 빠르며 가장 광범위한 파동이라고 했습니다.

34

It involves a concurrent **buildup of both public and private debt,**

공공 및 민간 부채가 동시에 쌓여갈 것이며

어휘

concurrent [kənkə́:rənt]　　　　　형 동시 발생의, 일치하는

ex) My opinions are concurrent with yours.
내 의견은 당신 의견과 일치합니다.

∴ Subtitles ∴.

00:08:32
~ 00:08:43

involves new types of creditors

새로운 유형의 채권자를 포함하는

and it's much more global.

훨씬 더 글로벌한 파동이죠.

However, as the coronavirus pandemic threatens to sink the world economy,

하지만 코로나바이러스 대유행이 세계 경제 침몰을 위협하는 사이

the moment for stemming the tide may have passed.

이 물결을 잠재울 순간은 이미 지났는지도 모릅니다.

Thanks for watching.

시청해 주셔서 감사합니다.

If there are any of the topics you think we should be covering,

만약 우리가 다뤄야 할 다른 주제가 생각나신다면,

please do let us know.

반드시 알려주십시오.

See you next time.

다음에 뵙겠습니다.

03

Is capitalism dying

Capitalism has been embraced in the West for generations,

자본주의는 수 세대에 걸쳐 서양에서 받아들여져 왔습니다.

transforming how societies lived and worked in the process,

사회의 생활 방식과 업무 방식을 변화시키면서 말이죠.

but its time may be running out.

하지만 그 끝이 오고 있는지도 모릅니다.

Democratic socialist like Bernie Sanders

대표적 민주사회주의자인 버니 샌더스나

and Alexandria Ocasio-Cortez

알렉산드리아 오카시오 코르테즈는

have slammed economic system.

경제 시스템을 강타했고

And even billionaires like Warren Buffett,

심지어 억만장자 워런 버핏을 비롯해

Marc Benioff and Ray Dalio admit the system is failing many.

마크 베이오프와 레이 달리오는 자본주의가 많은 이를 실망시키고 있다고 인정했죠.

The conversation about capitalism and its current form

자본주의와 그 형태에 대한 대화는

has been so loud that

큰 논쟁거리가 돼 왔고

00:00:26
~ 00:00:30

the leaders here at the World Economic Forum in Davos, Switzerland

세계 경제 포럼을 위해 스위스 다보스에 모인 지도자들은

⏱ 00:00:30 ~ 00:00:33

01

are questioning its relevance in the world we're living in today.

우리가 살고 있는 오늘날의 세계에서의 타당성에 대해 의문을 제기하고 있습니다.

어휘

question [kwéstʃən]   동 질문하다, ~을 의심하다

ex) Are you questioning my honesty?   내 청렴결백을 의심하는 거야?

⏱ 00:00:33 ~ 00:00:36

02

So will we soon see the ends of capitalism as we know it?

그러면 우리는 우리가 알고 있는 자본주의의 끝을 곧 보게 될까요?

표현   Will we soon~?

우리 곧 ~할까요?

ex) Will we soon be extinct?   우리 곧 소멸할까요?
Will we soon be replaced by machines?
우리가 조만간 기계로 대체 될까요?

조만간 우리에게 어떤 일이 벌어질지 궁금할 때 Will we soon~? 패턴을 사용합니다. 부사 soon는 '곧', '조만간'의 뜻이죠.

00:00:38
~ 00:00:58

CNBC EXPLAINS Is capitalism dying?
CNBC가 설명해드립니다 자본주의는 죽어가고 있는 걸까요?

Capitalism is defined as an economic, political and social system
자본주의는 경제적, 정치적 사회적 시스템으로 정의됩니다.

in which property, business and industry
재산, 사업, 그리고 산업을

are privately owned by individuals and companies, not the state.
국가가 아닌 개인과 기업이 사유화할 수 있다는 것이죠.

This means capital assets like land, machinery and buildings
이는 토지, 기계 및 건물과 같은 자본 자산들을

can be purchaseds by private individuals or businesses.
개인과 기업이 구매할 수 있다는 뜻입니다.

🕐 00:00:58 ~ 00:01:01

03

Q. 다음 빈칸에 들어갈 알맞은 어휘를 써보세요.

쓰기

회사는 임금 지급을 통해 당신이 그들을 위해 일하게 합니다.

Companies get you to work for them by _____ wages

숙어로 offer wages는 '임금을 지급하다'입니다. 정답) offering

00:01:01
~ 00:01:12

and your investments in a business that's doing well can grow.

그리고 번창하는 사업에 대한 당신의 투자도 커지죠.

Capitalism began in 17th century Europe

자본주의가 시작된 17세기 유럽은

during a time when Colonial Powers including France, England and Portugal

프랑스, 영국, 포르투갈을 포함한 식민지 시대의 강국들이

⏱ **00:01:12 ~ 00:01:16**

04 **have taken control of 84% of the world.**

전 세계의 84%를 장악한 시대였습니다.

어휘

control [kəntróul]   명 통제, 지배, 억제

ex) **The situation is now completely under control.**
그 상황은 이제 완전 통제 하에 있다.

By the twentieth century, the idea had spread through most of the globe

20세기까지 이 발상은 종종 우회적이고 폭력적인

often with detours and violent societal upheavals along the way.

사회적 격변을 야기하며 전 세계로 퍼져나갔습니다.

Even China, once a staunch communist country,

심지어 한때 확고한 공산주의 국가였던 중국마저도

has adopted state capitalism.

국가 자본주의를 채택했습니다.

This means private enterprise is a large and dynamic part of the economy,

이는 민간 기업이 경제의 크고 역동적인 부분을 차지하고 있지만

but the government still sets the agenda

정부가 여전히 의제를 설정하고

and owns several strategic sectors.

여러 전략적 분야를 관장한다는 의미입니다.

The form of capitalism that we are most familiar with today

오늘날 우리가 가장 잘 알고 있는 자본주의의 형태는

is known as shareholder capitalism.

주주 자본주의로 알려져 있습니다.

05

쓰기

Q. 다음 빈칸에 들어갈 알맞은 어휘를 써보세요.

이 개념은 세계 비즈니스 리더들에 의해 수십 년 동안 수용
되어 왔습니다.

**This concept has been _____ by the world's business
Leaders for decades.**

동사 embrace는 '받아들이다', '포용하다'의 뜻이에요. 정답) embraced

∴ Subtitles ∴

00:01:45
~ 00:01:46

The main idea?

핵심은?

06

Make money for your investors.

투자자들을 위해 돈을 벌어라.

표현

Make money for~

~을 위해 돈을 벌어라.

ex) **Make money for your family.**   가족을 위해 돈을 벌어라.
There are a lot of ways to make money for yourself.
스스로 돈 벌 수 있는 방법이 많다.

'돈을 벌다'를 make money라고 합니다. 없는 돈을 열심히 일해서 만드는 것이므로
동사 make를 사용합니다. 즉 Make money for~는 '~을 위해 돈을 벌어라'입니다.

∴ Subtitles ∴

00:01:48
~ 00:02:01

The theory originated from American Economist Milton Friedman

이 이론은 1970년대 미국 경제학자 밀턴 프리드먼이

in the 1970s.

주창했습니다.

He argued that maximizing profits for shareholders

그는 주주들을 위해 최대 수익을 내는 것이

should be a corporation's only objective.

기업의 유일한 목표여야 한다고 주장했죠.

While still following the law of course,

물론 법을 준수하면서 말입니다.

07

corporate boards overwhelmingly **took on the message**

기업의 이사회들은 압도적으로 이 주장을 받아들였고

어휘

overwhelmingly [òuvərhwélmiŋli] ♔ 압도적으로, 대단히

ₑₓ) They overwhelmingly rejected our support.
그들은 압도적으로 우리의 지지를 거부했다.

and made sense of the time.

시대상과도 맞아떨어졌죠.

American companies had become bloated and unprofitable,

미국 기업들은 몸집만 커지고 수익성은 없었고

shareholder activism became a movement.

주주 행동주의는 운동이 되었습니다.

And leaders like Ronald Reagan and Margaret Thatcher stood behind it.

그리고 로널드 레이건과 마거릿 대처 같은 지도자들이 그것을 지지했습니다.

The fall of the Soviet Union solidified the message.

소련의 붕괴는 그 메시지를 확고히 했죠.

The mantra became "greed-is-good".

이제 "욕심은 좋은 것이다".

08

Q. 다음 단어를 우리말 의미에 맞게 알맞은 순서로 배열하세요.

어순배열

많은 경제학자들은 이러한 형태의 자본주의가 장점이 있다는 데 동의했습니다.

this form of capitalism / many economists agreed / had its advantages

---

동사 had의 주어가 this form of capitalism임으로 소유격 its를 사용했습니다.

∴ Subtitles ∴

00:02:25
~ 00:02:35

Hundreds of millions of people benefited in the following decades

이후 수십 년간 수억 명이 혜택을 누렸습니다.

as profit-seeking companies opened up new markets and created new jobs.

이윤을 추구하는 기업은 새로운 시장을 개척하고 새로운 일자리를 창출했죠.

But now more and more voices are saying

하지만 이제 점점 더 많은 이들이 목소리를 높이고 있습니다.

09

we've gone too far in the other direction.

우리가 다른 방향으로 너무 멀리 갔다고 말이죠.

어휘

direction [dirékʃən] 명 방향, 길

ex) I think I'm lost. Could you give me some directions?
길을 잃은 것 같아요. 길 좀 가르쳐주시겠어요?

∴ Subtitles ∴

00:02:37
~ 00:02:53

Critics of shareholder capitalism

주주 자본주의를 비판하는 사람들은

argued the system has had 3 major side effects.

시스템이 3가지 주요 부작용을 가지고 있다고 주장합니다.

They say it harmed the environment,

그들은 그것이 환경을 해치고,

driven inequality

불평등을 야기하며

and weakened economic growth.

경제 성장을 약화시켰다고 합니다.

Climate change has been a hot topic for decades,

기후 변화는 수십 년 동안 뜨거운 주제였습니다.

but the rise of 17-year-old Greta Thunberg

하지만 17살의 그레타 툰버그의 등장은

10

forced world and business leaders to pay attention.

세계 및 경제계의 지도자들을 주목하게 만들었죠.

attention [əténʃən]   몡 관심, 주의

ₑₓ) May I have your attention, please?   주목해 주시겠습니까?

In August 2018,

2018년 8월

she skipped school and camped outside the Swedish Parliament

그녀는 학교를 빼먹고 스웨덴 의회 밖에 진을 쳤습니다.

to signal that more needed to be done to combat climate change.

더 많은 기후 변화 조치를 요구하는 신호였죠.

Thunberg's demonstration galvanized her peers into action,

툰버그의 시위는 그녀의 또래들을 고무시켰고

setting off a wave of protests outside Parliament and City Halls worldwide.

전 세계 의회와 시청 밖에서 시위 물결이 이어졌습니다.

Some environmentalists argue that

몇몇 환경론자들은

00:03:15
~ 00:03:20

prioritizing profit has encouraged short-term risky behavior

수익 우선 구조가 화석연료 채집과 같은 단기적 위험 행동을

like drilling for fossil fuels.

부추겼다고 말합니다.

⏱ 00:03:20 ~ 00:03:23

11

Q. 다음 빈칸에 들어갈 가장 알맞은 것을 고르세요.

4지선다

이것은 결과적으로 우리 행성을 훼손했고

This have subsequently _____ our planet

(A) created   (B) damaged

(C) expressed   (D) built

정답 (B)

12

and the effects are becoming glaringly obvious.

그리고 효과는 아주 명백해지고 있죠.

어휘

obvious [ɑ́bviəs]   형 분명한, 명백한

ex) There are some obvious disadvantages in this plan.
이 계획에는 명백한 불리한 점이 좀 있다.

∴ Subtitles ∴

Between 1993 and 2016,

1993년과 2016년 사이

Greenland lost an average of 286 billion tons of ice per year

그린란드에선 연평균 2860억 톤의 얼음이 녹았고

while Antarctica lost 127 billion tons.

남극대륙에선 1270억 톤이 녹아내렸죠.

13

Then there's increasing **inequality.**

그리고 불평등이 증가하고 있습니다.

표현

There's increasing~

늘어나는 ~이 있어요, ~이 증가하고 있어요.

ex) There's increasing demand for high-skilled workers.
고숙련 근로자에 대한 수요가 증가하고 있다.
There's increasing competition in the space.
우주 경쟁이 늘어나고 있어요.

> 현대 사회에서 점점 증가하는 것이 많이 있습니다. 경쟁도 그렇고 무언가에 대한 수요도
> 마찬가지입니다. 영어로 There's increasing~은 '늘어나는 ~이 있어요', '~이 증가하고
> 있어요'의 의미예요.

∴ Subtitles ∴

00:03:41
~ 00:03:53

Inequality between nations has actually decreased

국가 간의 불평등은 사실 감소했습니다.

as countries like India and China embraced capitalism and free market.

인도와 중국 같은 나라들이 자본주의와 자유 시장을 받아들이면서요.

But inequality between the rich and poor within nation

그러나 국내의 빈부 간 불평등은

has become much worse.

훨씬 더 악화됐습니다.

00:03:53
~ 00:04:04

Boards used executive pay to align their CEOs' decisions

이사회는 주주 이자에 대한 CEO의 결정에 맞추어

with shareholder interests

임원 급여를 사용했습니다.

and we've seen their earnings balloon as a result.

그리고 우리는 그들의 수입이 불어나는 것을 보았죠.

Since 1978,

1978년 이래로,

🕐 00:04:04 ~ 00:04:08

14

CEO compensation has grown 940%.

CEO 연봉이 940% 증가했습니다.

어휘

compensation [kὰmpənséiʃən]　명 보상, 보수

ex) They are demanding compensation for loss of income.
　　그들은 수입 손실에 대한 보상을 요구하고 있다.

00:04:08
~ 00:04:18

The typical worker, on the other hand,

반면에 일반 노동자 연봉은

has only seen their compensation grow by 12%.

12%밖에 증가하지 않았습니다.

Take Amazon for example.

아마존을 예로 들어보죠.

Its founder Jeff Bezos is the richest person in the world.

창업자 제프 베조스는 세계에서 가장 부유한 사람입니다.

⏱ 00:04:18 ~ 00:04:19

15

At the same time,

그와 동시에

스피킹

At the same time

그와 동시에

숙어로 at the same time은 '동시에', '역시', '한번에'처럼 다양한 뜻으로 쓰입니다.
전체 문장을 '앳 더 쎄임 타임'처럼 발음하면 됩니다.

00:04:19
~ 00:04:30

the tech giant has faced multiple accusations and reports of poor pay

그 거대 기술 회사 창고 노동자들의 저임금 및 열악한 근무 환경 문제가

and working conditions for its warehouse workers.

수차례 지적되고 보고되어 왔습니다.

And it's not just in the United States.

그리고 이 문제는 미국에만 국한되지 않습니다.

Globally, the bottom half of adults

전 세계적으로 성인 하위 50%가

⏱ 00:04:30 ~ 00:04:33

16

account for less than 1% of the world's wealth,

세계 부의 1% 미만을 차지하고 있는 반면

어휘

wealth [welθ]   명 부, 재산

ex) Health is more important than wealth.   건강이 재산보다는 더 중요하다.

∴ Subtitles ∴

00:04:33
~ 00:04:35

while the top 1% owns nearly half.

상위 1%는 거의 절반을 소유하고 있습니다.

17

While many may argue this **disparity** is unfair,

많은 사람들이 이 격차의 불공평함을 이야기하지만,

표현

While many may argue this ~ is unfair,

많은 사람들이 이 ~이 불공평하다고 이야기하지만,

ex) While many may argue this game is unfair,
많은 사람들이 이 경기가 불공평하다고 이야기하지만,
While many may argue this decision is unfair,
많은 사람들이 이 결정이 불공평하다고 이야기하지만,

영어로 While many may argue this ~ is unfair, 는 '많은 사람들이 이 ~이 불공평하다
고 이야기하지만,'의 뜻으로 동사 argue는 '논쟁하다', '주장하다'이며 형용사 unfair는 '불
공평한'의 뜻입니다.

∴ Subtitles ∴

00:04:39
~ 00:04:52

some go further saying this obsession with profit

더 나아가 이익에 대한 집착이 경제 성장을 늦추고 있다는

is slowing economic growth.

지적을 하는 이들도 있습니다.

Even the chief executive of BlackRock,

심지어 세계 최대 자금 관리사인

the world's biggest money manager, agrees.

블랙록의 최고 책임자도 이에 동의하죠.

In a letter sent to the CEOs of the world's biggest companies,

세계 최대 기업의 CEO들에게 보낸 편지에서

00:04:52
~ 00:04:56

Larry Fink said the pressure to keep share prices high

래리 핑크는 주가를 높게 유지해야 한다는 압박감이

has led to executives

경영진으로 하여금

🕑 00:04:56 ~ 00:04:59

18

어휘

underinvesting in innovation, skilled workforces

혁신과 전문 인력 필수 자본 지출에 대한

skilled [skild]   형 숙련된, 숙달된, 능숙한

ex) We need some skilled workers. 우린 숙련된 일꾼들이 좀 필요해요.

00:04:59
~ 00:05:01

or essential capital expenditures.

투자를 위축시킨다고 했습니다.

19

The bottom line?

결론은요?

The bottom line?

결론은요? 요점은요?

말의 핵심이나 요점을 말할 때 하는 말로 The bottom line?은 '결론은요?', '요점은요?'의 뜻입니다. 전체 문장을 '더 바럼 (을)라인'처럼 발음하면 됩니다.

∴ Subtitles ∴

00:05:02
~ 00:05:13

He says businesses are sacrificing long-term value

그는 기업이 단기적인 재정적 이득을 얻기 위해

for short-term financial gain.

장기적인 가치를 희생하고 있다고 했죠.

And as the rich get richer,

그리고 부자들이 부유해질수록

less money is getting spent and spread throughout the economy.

경제 전반에 걸쳐 소비되고 분산되는 돈이 줄어들고 있습니다.

In 2019,
2019년에는

the rich cut down their spending on everything
부자들이 모든 부문에서 지출을 줄였습니다.

from homes and art to jewelry and retail,
집과 예술품 보석과 소매 거래까지 감소해

sparking fears of a trickle-down recession from the top.
낙수 공포를 불러일으키고 있죠.

🕐 00:05:23 ~ 00:05:25

20

표현

The average consumer, on the other hand,

반면에 일반 소비자는

On the other hand
반면에, 한편으로는

ex) On the one hand, he works slowly, but on the other hand he always finishes the job on time.
한편으로는, 그는 천천히 일하지만, 다른 한편으로는 그는 항상 제때에 일을 끝낸다.
I know this job of mine isn't well paid, but on the other hand I don't have to work long hours.
이 일이 보수가 좋지 않다는 걸 알지만 한편으로는 오랜 시간 일할 필요가 없어요.

두 가지를 비교해서 그 차이점을 언급할 때 on the other hand를 사용하기도 합니다. 의미는 '반면에', '한편으로는'입니다.

is more likely to spend their earnings,

소득을 더 많이 소비하고

⏱ 00:05:27 ~ 00:05:30

21

and drive economic growth as a result.

결과적으로 경제 성장을 주도할 가능성이 높습니다.

어휘

growth [grouθ]   명 성장, 증가

ex) **There has been a sudden growth in the market for smartphones.**
스마트폰 시장에 급격한 성장이 있었다.

These factors are helping to fuel the backlash against capitalism

이러한 요인들이 우리가 알고 있는 자본주의에 대한

as we know it.

반발을 부채질하고 있습니다.

This poll in the US found

미국의 한 설문조사에 따르면

only about 1 in 5 of 18-34 year-olds have positive feelings about capitalism

18-34세 5명 중 1명 정도만이 자본주의를 긍정적으로 느끼고 있고

with most responding neutrally or even negatively to the concept.

대부분 중립적으로 응답하거나 혹은 부정적으로 반응했습니다.

This change in sentiment may explain why

이러한 감정의 변화를 통해 우리는

even some of the one percent are beginning to question

심지어 상위 1% 내에서도 자본주의의 전통적 정의에 대한 의문이

the traditional definition of capitalism.

제기되는 이유를 알 수 있죠.

Enter conscious capitalism,

의식 자본주의를 볼까요?

also known as stakeholder capitalism or inclusive capitalism.

이해관계자 자본주의 혹은 포괄 자본주의라고도 알려져 있죠.

⏱ 00:06:01 ~ 00:06:03

22

Q. 다음 단어를 우리말 의미에 맞게 알맞은 순서로 배열하세요.

어순배열

이 유행어들은 모두 비슷한 뜻을 전달합니다.

something similar / convey / these buzzwords all

부정대명사 something 다음에 similar처럼 형용사가 뒤에 옵니다.

106

00:06:03
~ 00:06:10

an economic system that aims to achieve more than just shareholder profit.

단순한 주주 이익 이상을 목표로 하는 경제 체제입니다.

It calls for corporations to also consider

이 체제에선 기업도 그들의 결정이

⏱ 00:06:10 ~ 00:06:12

23

how their decisions will affect other stakeholders,

다른 이해 관계자들에게 미칠 영향을 고려해야 합니다.

어휘

affect [əfékt]   동 영향을 주다, 작용하다

ex) Smoking affects health.   흡연은 건강에 영향을 준다.

00:06:12
~ 00:06:18

including their staff, community, collaborators, governments,

직원, 지역사회 협력자들과 정부

consumers and suppliers.

소비자와 공급자까지 말이죠.

24

For example,

예를 들어,

표현

For example

예를 들어

ex) There's been a big increase in food prices this year. For example, the price of meat has doubled.
올해는 음식 가격이 크게 올라갔습니다. 예를 들어, 고기 가격이 두 배로 올랐습니다.
For example, we need to use your information to improve our services.
예를 들어, 우리는 서비스를 향상시키기 위해 여러분의 정보를 이용해야 합니다.

대화 도중에 뭔가 예를 들어 부연 설명하고 싶을 때 for example이라는 표현을 사용합니다. 의미는 '예를 들어'가 되지요.

∴ Subtitles ∴

00:06:19
~ 00:06:31

an oil company needs to also acknowledge the finite nature of fossil fuels

석유회사는 화석 연료가 유한 자원이며 그것이 환경에 미칠 여파를

and their impact on the environment.

인지해야만 합니다.

Or a retail fashion brand should also be mindful of its supply chain

또는 소매 패션 브랜드는 제품의 공급망과 공장 노동자들까지

and workers toiling away in factories.

신경 써야 하는 것이죠.

00:06:33
~ 00:06:48

Here in the Swiss Alps,

이곳 스위스 알프스에서

the World Economic Forum has launched a new Davos Manifesto

세계 경제 포럼은 50주년을 기념하여 새로운 다보스 성명을

as it celebrates its 50th anniversary.

발표했습니다.

It sets ethical principles that it hopes will guide companies moving forward.

기업들의 발전을 이끌어줄 거라 기대하는 윤리 원칙들을 정하고 있죠.

WEF calls for businesses to tackle corruption, prioritize human rights,

WEF는 기업들이 부패와 씨름하고 인권을 우선시해야 한다고 촉구합니다.

⏱ 00:06:48 ~ 00:06:51

25

advocate for a competitive level playing field

공정한 경쟁의 장을 마련하고

어휘

competitive [kəmpétətiv]   형 경합하는, 경쟁의

ex) Jack's got a very competitive nature.   잭은 매우 경쟁이 심한 성격을 가졌다.

00:06:51
~ 00:07:00

and pay their fair share of taxes.

세금을 공평하게 내야 한다고 말이죠.

Apt as a Dutch historian scolding billionaires

한 네덜란드 역사가가 억만장자를 꾸짖으며

for not paying their fair share was one of the conference's viral moments.

세금을 공정하게 내지 않았다고 지적한 것은 이번 회의의 명장면 중 하나였습니다.

⏱ 00:07:00 ~ 00:07:02

26

We've got to be talking about taxes.

우리는 세금 얘기를 해야 해요.

표현

We've got to~

우리는 ~해야 해요.

ex) **We've got to cut down on the errors as much as possible.**
우리는 가능한 많이 오류를 줄여야 합니다.
We've got to root out corruption.
우리는 부정부패를 뿌리 뽑아야 합니다.

당연히 해야 할 일을 언급할 때 have got to 표현을 활용할 수 있습니다. 여기서 주어자리에 we를 넣어 We've got to~처럼 말하면 '우리는 ~해야 해요'의 뜻이 되죠.

∴ Subtitles ∴

00:07:02
~ 00:07:04

That's it. Taxes taxes taxes.

그것뿐이죠. 세금, 세금, 세금 얘기요.

🕐 00:07:04 ~ 00:07:07

27

Q. 다음 빈칸에 들어갈 가장 알맞은 것을 고르세요.

4지선다

민간 부문의 CEO들은 이미 지지를 나타내기 시작했습니다.

CEOs in the private sector have already started showing their _____.

(A) freedom   (B) decision

(C) cancellation   (D) support

정답 (D)

∴ Subtitles ∴

00:07:07
~ 00:07:10

In August of 2019,

2019년 8월

the Business Roundtable,

비즈니스 라운드테이블

00:07:10
~ 00:07:20

comprising the Chief Executive Officers of nearly 200 major US companies,

200개에 달하는 주요 미국 기업들의 최고 경영자로 구성된 이 모임은

declared maximizing shareholder value

주주 가치 최대화가 더 이상

was no longer the main focus of their corporations.

그들 기업의 주요 관심사가 아님을 선언했습니다.

🕐 00:07:20 ~ 00:07:24

28 Wall Street is also embracing sustainable investing,

월스트리트 또한 지속 가능한 투자를 받아들이고 있죠.

어휘

sustainable [səstéinəbl]   형 견딜 수 있는, 지속 가능한

ex) We need sustainable investment to create jobs.
일자리를 창출하기 위해서는 지속적인 투자가 필요하다.

00:07:24
~ 00:07:29

which takes environmental, social and corporate governance factors

환경적, 사회적, 그리고 기업지배 구조적 요소를 고려해야만 하는

into consideration.

방식입니다.

According to the Global Sustainable Investment Alliance,

글로벌지속가능투자연합에 따르면

these investments grew to more than $30 trillion in 2018.

이러한 투자가 2018년에 30조 달러 이상으로 증가했습니다.

And more and more enterprises focused on social good are

그리고 점점 더 많은 기업들이 사회적 이익에 초점을 맞추고 있으며

springing up by the day, including Patagonia and TOMS Shoes.

나날이 늘어가는 추세죠 파타고니아와 탐스 슈즈가 대표적입니다.

But is this a load of talk and no action?

하지만 말만 번지르르하고 행동은 없는 걸까요?

Skeptics say stakeholder capitalism is just a big PR stunt,

회의론자들은 이해관계자 자본주의가 단지 홍보 쇼일 뿐이라고 말합니다.

something the titans of tech and finance industries are

기술 및 금융계의 거물들의

doing to save themselves.

자구책이란 거죠.

And shareholder capitalism's advocates say

주주 자본주의 지지자들은 말합니다.

29

어휘

having too many objectives means there is no true north for companies,

목표를 너무 많이 갖는다는 것은 기업에 진짜 목표가 없다는 뜻이며

objective [əbdʒéktiv]   명 목적, 목표

(ex) Our main objective is to raise money.
목표는 돈을 모금하는 것이다.
우리 주요 목표는 돈을 모금하는 것이다.

∴ Subtitles ∴

00:08:02
~ 00:08:08

meaning the system will eventually fail.

결국 이 시스템이 실패할 거라 말합니다.

So is capitalism dying?

그렇다면 자본주의는 죽어가고 있을까요?

30

어순배열

Q. 다음 단어를 우리말 의미에 맞게 알맞은 순서로 배열하세요.

여기 다보스에서의 대화만 놓고 본다면

here at Davos / if the conversation / is to be believed

Be동사 is의 주어는 the conversation입니다. 즉 here at Davos를 괄호로 묶어보면 쉽게 주어를 찾을 수가 있죠.

then the answer is no.

대답은 '아니오'입니다.

It's simply evolving.

진화하고 있는 것이죠.

But whether something like stakeholder capitalism can truly take hold,

하지만 이해관계자 자본주의 같은 형태가 진정으로 자리 잡을 수 있을지는

remains to be seen.

두고봐야 할 것입니다.

Thanks so much for watching our video.

저희 영상을 시청해주셔서 감사합니다.

What do you think the future of capitalism is?

자본주의의 미래는 무엇이라고 생각하십니까?

Comment below and don't forget to subscribe.

아래 의견을 남겨주시고 구독도 잊지 마세요.

MEMO

04

Should central banks be independent

0:00:00
~ 0:00:15

Jerome Powell was a few months into his job as the Chair of the Federal Reserve

제롬 파월이 연방준비은행의 의장으로 부임하고 몇 달 지나지 않아

when US President Donald Trump complained about the central bank's policies.

도널드 트럼프 미국 대통령이 중앙은행의 정책에 대해 불평을 했죠.

I put a very good man in the Fed.

제가 연준에 아주 좋은 사람을 앉혔는데

I don't necessarily agree with it because he is raising interest rates.

그가 금리를 인상하고 있기 때문에 거기 꼭 동의하는 것은 아닙니다.

⏱ 0:00:15 ~ 0:00:17

01

He's not the only one complaining.

그만 불평하는 게 아닙니다.

어휘

complain [kəmpléin]   동 불평하다, 투덜거리다

ₑₓ) Don't complain about yourself.   자신에 대해 불평하지 마.

0:00:17
~ 0:00:38

Italy, India, Turkey and Argentina are just a few of the countries seeing leaders

이탈리아, 인도, 터키, 아르헨티나는 중앙은행의 독립성에

push back against central bank independence,

지도자들이 반대하는 국가들이고

and some are succeeding.

몇몇은 성공하고 있습니다.

CNBC EXPLAINS Should central banks be independent?

CNBC가 설명해드립니다. 중앙은행은 독립적이어야 할까요?

In the last few years, we've seen central bankers get fired, resign

지난 몇 년간 우리는 중앙은행장들이 해고되거나 사임하고

⏱ 0:00:38 ~ 0:00:41

02

and have their decisions and motivations questioned.

그들의 결정과 동기가 질문대에 오르는 것을 봐왔습니다.

어휘

motivation [mòutəvéiʃən] 명 동기 부여, 자극

ex) Her parents give her so much money that she's got no motivation to get a job.
그녀의 부모님이 그녀에게 너무 많은 돈을 주기에 그녀는 구직할 동기 부여가 없다.

0:00:41 ~ 0:00:49

That's led to a number of voices declaring

이제는 많은 이들이 목소리를 높여

that the independence of these public institutions is under threat.

이 공공기관의 독립성이 위협받고 있다고 말합니다.

⏱ 0:00:49 ~ 0:00:53

03

But why do we even care **whether central banks are independent or not?**

그런데 왜 우리는 중앙은행이 독립적인지 아닌지 신경 쓰는 걸까요?

표현

Why do we even care~?

우리가 왜 ~을 신경 쓰는 걸까요?

ex) Why do we even care whether he comes or not?
왜 우리는 그가 올지 안 올지 신경 쓰는 걸까?

Why do we even care what he thinks about this election?
왜 우리는 그가 이 선거를 어떻게 생각하는지 신경 쓰는 걸까요?

도대체 어떤 이유로 우리가 무언가를 신경 써야 하는지 궁금할 때 Why do we even care~? 패턴을 사용합니다. 의미는 '우리가 왜 ~을 신경 쓰는 걸까요?'입니다.

04

It's kind of a long story.

거기엔 긴 사연이 있습니다.

It's kind of a long story.

거기엔 긴 사연이 있습니다.

곤란한 질문을 받게 될 때 때로는 '말하자면 좀 길어요.'처럼 얘기하면서 대답을 회피하는 경우가 있습니다. 영어로는 It's kind of a long story.라고 하죠. 전체 문장을 '잇 ㅆ 카인더버(kind of a) (을)러엉 스또오뤼'처럼 발음하면 됩니다.

0:00:55
~ 0:01:07

Let's go back almost a hundred years for some context.

배경을 이해하기 위해 약 100년 전으로 거슬러 올라가 보죠.

After the First World War,

1차 세계대전이 끝난 후,

Germany was in a lot of debt and its costs were racking up.

독일은 많은 빚을 지고 있었고 그 액수는 점점 쌓여 갔습니다.

05

Soldiers needed pensions.

군인들은 연금이 필요했고

pension [pénʃən]   명 연금

ex) I won't be able to receive my pension until I'm 65.
65세까지는 연금을 받을 수가 없을 것이다.

∴ Subtitles ∴

0:01:08
~ 0:01:26

War widows needed compensation.

전쟁 과부들은 보상이 필요했죠.

France and Great Britain were demanding massive reparations.

프랑스와 영국은 대규모 배상금을 요구하고 있었습니다.

And other countries did not want to lend Germany any money.

그리고 다른 나라들은 독일에게 일체 돈을 빌려주려 하지 않았죠.

So Germany's central bank printed more and more money

그래서 독일의 중앙은행은 점점 더 많은 돈을 발행해

and loaned it to the government,

정부에게 빌려주었습니다.

06

hoping to make up the difference.

차액을 벌충할 수 있기를 바라면서요.

어휘

difference [dífərəns]   명 차이, 다른점

ex) I can't tell the difference between them.   난 그들의 차이점이 뭔지 몰라.

0:01:28
~ 0:01:36

What they ended up with instead was hyperinflation.

그 대신 그들이 마주한 결말은 초인플레이션이었습니다.

All that cash caused prices to skyrocket.

넘치는 현금 때문에 물가가 폭등했죠.

07

At the height of the crisis,

위기의 절정에서

스피킹

At the height of the crisis,

위기의 절정에서

> 지금 상황이 절체절명 위기 상태일 때 at the height of the crisis라고 말하는데요, 여기서 at the height of는 '~의 절정에'라는 뜻입니다. 그러므로 '위기의 절정에서'가 되는 거죠. 전체 문장을 '앳 더 하이러 ㅂ(height of) 더 크롸이씨 ㅆ'처럼 발음하면 됩니다.

hyperinflation reached rates of more than 30,000% per month,

초인플레이션은 매월 30,000% 이상의 증가율에 도달했습니다.

meaning that prices were doubling every few days.

즉, 물가가 며칠마다 두 배씩 뛴 것이죠.

⏱ 0:01:46 ~ 0:01:49

08

That's why in some historical photos,

그래서 몇몇 역사적 사진들에선

표현

That's why~

그 이유 때문에 ~해요.

ex) **That's why we need to cut down on the emission of carbon dioxide into the atmosphere.**
그 이유 때문에 우리는 대기 중의 이산화탄소 배출을 줄여야만 합니다.
That's why the Japanese economy is called the Chaebol economy.
그 이유 때문에 일본 경제가 재벌 경제로 불립니다.

앞에서 일일이 이유를 설명한 뒤 결론을 내릴 때 That's why~라고 하면 '그 이유 때문에 ~해요'의 뜻입니다. 의문사 why 다음에 '주어+동사'처럼 절의 구조가 나오죠.

you'll see Germans burning cash to keep warm

독일인들이 난방을 위해 돈을 불태우는 걸 볼 수 있습니다.

because it was cheaper than buying wood.

왜냐하면 나무를 사는 것보다 그게 더 저렴했으니까요.

This, and more recent examples

이것과 더불어 최근에도

like the hyperinflations in Zimbabwe and Venezuela,

짐바브웨와 베네수엘라의 초인플레이션 사례를 통해

has shown us the damage that out of control inflation

통제 불능의 인플레이션이 경제와 사람들에게 끼치는

can to do an economy and its people.

피해를 엿볼 수 있습니다.

So when the Bundesbank became Germany's central bank in 1957,

그래서 분데스방크가 1957년에 독일의 중앙은행이 되었을 때

09

its focus on a stable currency

그들이 안정된 통화와

어휘

stable [stéibl]

ₑₓ) **The ladder isn't very stable.**

형 안정적인

그 사다리는 매우 안정적이지 않다.

0:02:15
~ 0:02:19

and keeping out of control inflation at bay were no surprise.

인플레이션 통제 집중한 것은 놀랄 일이 아니었죠.

🕐 0:02:19 ~ 0:02:24

10

Q. 다음 빈칸에 들어갈 알맞은 어휘를 써보세요.

쓰기

이 은행은 완전한 독립성이 주어진 최초의 중앙은행이었고

It was the first central bank to be _____ full independence,

이 은행은 완전한 독립성이 주어진 최초의 중앙은행이었고 숙어로 full independence는 '완전한 독립(자립)'을 말합니다. 정답) given

0:02:24
~ 0:02:31

and it quickly gained the reputation of

세계에서 가장 독립적이고

being the world's most independent and conservative central bank.

보수적인 중앙은행이라는 평판을 단숨에 얻게 됐습니다.

0:02:31
~ 0:02:38

At the same time,

그 당시에

the Bank of England and most of its European counterparts were

잉글랜드은행을 비롯해 비슷한 위치의 유럽 은행들은 대부분

still controlled by their governments.

여전히 정부에 의해 통제되고 있었죠.

⏱ 0:02:38 ~ 0:02:40

11

Let's get into why that matters.

그게 왜 중요한지 알아보죠.

표현

Let's get into why~

왜 ~하는지 알아봅시다.

ex) Let's get into why this is important.　왜 이게 중요한지 알아보죠.
Let's get into why our current research processes are limited.
왜 우리의 현 연구 과정들이 제한적인지 알아봅시다.

뭔가를 제안할 때 Let's~ 패턴을 씁니다. 이를 활용해서 Let's get into why~라고 하면 '왜 ~하는지 알아봅시다'의 의미가 되죠. 숙어로 get into는 '~에 흥미를 갖다', '열중하다'입니다.

12

Throughout the 1960s,

1960년대 전반에 걸쳐,

어휘

throughout [θruːáut]

전 도처에, ~동안 내내

ex) He was calm throughout the interview.

그는 인터뷰 내내 침착했다.

∴ Subtitles ∴

0:02:44
~ 0:03:06

most policymakers believed

대부분의 정책 입안자들은

you could permanently lower unemployment by accepting higher inflation.

더 높은 인플레이션을 용인하면 실업률을 영구적으로 낮출 수 있다고 믿었습니다.

This economic concept is known as the Phillips Curve.

이 경제 개념은 필립스 곡선이라고 알려져 있죠.

So conventional wisdom was that

당신 일반적인 통념은

the central banks could increase the money supply,

중앙은행이 화폐 공급을 늘리면

inflation would go up a bit, and more people would have jobs.

인플레이션이 약간 상승할 것이고 일자리가 늘 것이란 거였습니다.

It sounds great, right?

좋은 생각 같죠?

13

Politicians loved this idea too.

정치인들 또한 이 발상을 좋아했습니다.

어휘

politician [pὰlitíʃən]　　　명 정치인

ex) Unfortunately, politicians are not highly trusted these days.
불행하게도, 정치인들이 요즘에는 높게 신뢰받지 못한다.

0:03:09
~ 0:03:17

After all, a low unemployment rate is helpful

결국, 재선을 눈앞에 두고 있다면

when you're trying to get reelected.

낮은 실업률이 도움이 되니까요.

Take former US President Richard Nixon.

리처드 닉슨 전 미국 대통령을 봅시다.

14

어순배열

Q. 다음 단어를 우리말 의미에 맞게 알맞은 순서로 배열하세요.

그는 1969년에 취임하며 불황을 물려받았습니다.

when he was inaugurated / he inherited a recession / in 1969

_____

때로는 시간 부사절인 when he was inaugurated in 1969가 문장 앞에 나오기도 합니다.

0:03:21
~ 0:03:31

Our destiny offers not the cup of despair, but the chalice of opportunity.

우리의 운명은 절망의 잔이 아니라 기회의 성배를 내밉니다.

And when he came to getting reelected,

그리고 그가 재선에 도전할 때

he was focused on keeping the economy moving.

그는 경제 부양에 초점을 맞췄습니다.

15

The best way to do that, he thought, was to lower interest rates.

그는 최선의 방법으로 금리 인하를 생각했습니다.

어휘

lower [lóuər]   동 낮추다, 인하하다

ex) Please lower your voice.   목소리 낮추세요.

∴ Subtitles ∴

0:03:35
~ 0:03:39

A lot of the people are going to say,

많은 사람들이 말할 것입니다.

well here we go back into high interest rates again.

이제 다시 고금리 시대로 돌아가겠군요.

16

I don't think that's **a justified assumption.**

저는 그것이 증명된 가정이라고 생각하지 않습니다.

표현

I don't think that's~

~인 것 같지 않아요.

ex) I don't think that's a good idea.   그거 좋은 생각 같지는 않아요.
I don't think that's too complicated.
그거 너무 복잡하다고는 생각지 않아.

자신의 생각을 좀 누그러트려 말할 때 I don't think라고 합니다. 즉 I don't think that's~는 '~인 것 같지 않아요'의 의미예요.

0:03:43
~ 0:03:52

Behind closed doors,

비공개 회동에서

he pressured the Federal Reserve Chairman to do just that,

그는 연준 의장에게 그렇게 하라고 압력을 가했습니다.

and even though the Fed is supposed to be independent from the government,

연준은 정부로부터 독립성을 보장받아야 했지만

⏱ 0:03:52 ~ 0:03:54

17

the central banker appeared to comply.

중앙은행장은 이에 응했죠.

어휘

comply [kəmplái]   동 지키다, 응하다, 따르다

ex) Anyone who fails to comply with the law will have to pay a $100 fine.
법을 준수하지 않은 누구든지 백 달러 벌금을 내야 할 것이다.

∴ Subtitles ∴

0:03:54
~ 0:04:02

The economy got its boost, and Nixon was reelected.

경제는 힘을 받았고 닉슨은 재선되었습니다.

But he got a rude awakening not too long after that.

하지만 그는 얼마 지나지 않아 밤잠을 설쳐야 했습니다.

0:04:02
~ 0:04:19

Enter the Great Inflation, the first prolonged, major period of inflation

대인플레이션이 온 것이죠. 평화의 시기에 세계가 마주하게 된

the world had seen during peacetime.

최초의 장기적이고 주요한 인플레이션이 도래한 것입니다.

Annual inflation rates reached levels of over 10 percent across OECD countries,

OECD 국가들의 인플레이션율이 10% 수준을 웃돌았고

and some people began to panic.

어떤 이들은 패닉에 빠지기 시작했습니다.

What's worse?

더 최악이었던 건

⏱ 0:04:19 ~ 0:04:22

18

어순배열

Q. 다음 단어를 우리말 의미에 맞게 알맞은 순서로 배열하세요.

필립스 곡선이 장기 모델엔 맞지 않는다는 것이었습니다.

the Phillips curve / over the long term / didn't hold true

_____

규칙이나 말 따위가 유효할 때 동사 hold를 사용해서 hold true처럼 표현합니다.

Inflation was high and so was unemployment.

인플레이션은 높았고 실업률도 높았죠.

It was lose-lose, a phenomenon known as stagflation.

모든 면에서 실패한 이 현상이 바로 스태그플레이션입니다.

Many people pointed to the 1970s energy crisis as the culprit,

많은 사람들이 1970년대 에너지 위기를 원인으로 지적했습니다.

which caused the price of petrol to skyrocket.

이로 인해 연료 가격이 폭등했으니까요.

Gasoline stations ran dry.

주유소가 고갈되었습니다.

Airlines cut back flight schedules. Factories were forced to close.

항공사들은 비행 일정을 단축하고 공장들은 문을 닫아야 했습니다.

⏱ 0:04:44 ~ 0:04:47

19

But the general consensus today is that

그러나 오늘날의 보편적 합의점은

어휘

consensus [kənsénsəs]　　명 합의, 일치

ex) The consensus of opinion is that Sam should resign.
　　의견의 일치는 쌤이 사임해야 한다는 것이다.

0:04:47
~ 0:04:51

the monetary policy of the time played a significant role as well.

당시의 통화 정책도 중대한 역할을 했다는 것이죠.

🕐 0:04:51 ~ 0:04:53

20

Just take a look at **this chart.**

이 차트를 한번 보세요.

표현

Just take a look at~

~을 좀 봐주세요.

ex) Just take a look at this picture.　이 사진을 한번 보세요.
Just take a look at this graph.　이 그래프를 좀 봐주세요.

무언가를 좀 봐달라고 부탁할 때 Just take a look at~ 패턴을 사용합니다. 숙어로 take a look at은 '~을 보다'라는 뜻으로 Just take a look at~처럼 말하면 '~을 좀 봐주세요'가 됩니다.

0:04:53
~ 0:05:01

You can see the inflation rates in the US, UK, Italy and Japan

미국, 영국, 이탈리아 일본의 인플레이션율이

spiking during the Great Inflation.

대인플레이션 기간에 급상승했습니다.

But Germany, home to the Bundesbank, kept inflation at a much more modest level.

그러나 분데스방크의 본거지인 독일은 인플레이션을 훨씬 더 완만한 수준으로 유지했죠.

So did Switzerland, which also had an independent central bank.

독립된 중앙은행인 스위스도 마찬가지였습니다.

The 1970s exposed flaws in having governments controlling central banks.

1970년대엔 중앙은행을 장악한 정부의 부정이 드러났습니다.

The nature of election cycles means

반복되는 선거 주기의 특성상

politicians have an inherent conflict of interest

정치인들이 경제에 영향을 미치게 될 결정을 할 땐

when making decisions that impact the economy.

내재된 이해 충돌의 소지가 있습니다.

As the recovery gathers pace,

복구 속도가 빨라지면

so our political fortunes will continue to improve.

우리의 정치적 자산은 계속 향상될 것입니다.

21

It's tempting for them to skip unpopular choices like raising interest rates

인기에 도움 되지 않는 금리 인상과 같은 결정이나

choice [ʧɔis]　　　　　　　　명 선택

ex) Do I have a choice?　　　　　내가 이래라 저래라 할 수 있는 입장이냐고?

∴ Subtitles ∴

0:05:35
~ 0:05:51

or cutting the budget deficit in an election year.

선거가 있는 해에 재정 적자를 줄이는 결정은 피하고 싶어지죠.

So during the 1980s and 1990s, many central banks,

그래서 1980년대와 1990년대에는 잉글랜드은행을 비롯한

including the Bank of England, were granted independence.

많은 중앙은행들의 독립성이 허가되었습니다.

The European Central Bank was established in 1998,

유럽중앙은행은 1998년에 설립되었으며

and was modeled on the Bundesbank,

분데스방크를 모델로 했습니다.

22

meaning it was independent **from the outset.**

처음부터 독립성을 추구했단 뜻이죠.

어휘

independent [ìndipéndənt]   형 독자적인, 독립한

ex) She must be financially independent of her family.
그녀는 그녀 가족으로부터 경제적으로 독립해야 한다.

∴ Subtitles ∴

0:05:54
~ 0:05:56

The system had changed.

시스템이 바뀌었습니다.

23

Q. 다음 빈칸에 들어갈 알맞은 어휘를 써보세요.

쓰기

정치인들은 여전히 물가 안정이란 방대한 목표를 세우죠.

Politicians still set the _____ goal, keep prices stable.

숙어로 keep prices stable은 '물가 안정을 유지하다'입니다.   정답) broad

0:06:00
~ 0:06:04

But it was up to the central bankers to make it happen.

하지만 그것을 실현하는 것은 중앙은행들에 달려 있었습니다.

⏱ 0:06:04 ~ 0:06:07

24

I want an end to the stop-go, the boom-bust economics of the past.

저는 긴축과 완화, 호황과 불황을 오가던 과거의 경제를 끝내기 원합니다.

표현

I want an end to~
~을 끝내기 원해요.

ex) I want an end to the climate war.　기후 전쟁을 끝내고 싶어요.
I want an end to all this violence.　이 모든 폭력을 근절하고 싶어요.

어떤 것이 끝나기를 바라고 있을 때 I want an end to~처럼 말하기도 합니다. '~을 끝내기 원해요'로 전치사 to 다음에 끝내고 싶은 대상이 나오죠.

∴ Subtitles ∴

0:06:07
~ 0:06:16

Billions of people around the world got used to low and stable inflation

전 세계 수십억 명의 사람들이 낮고 안정적인 인플레이션과

and the security of knowing the interest rates on their bank deposits

그들의 은행 예금 금리에 대한 안정성 그리고 담보 대출에 대한 통제에

and mortgages were under control.

익숙해져 있었습니다.

Interest rates have come down. Inflation is down.

금리가 내렸습니다 인플레이션이 하락했습니다.

But then the financial crisis happened…

하지만 그때 금융위기가 일어나며…

But will these moves by central banks solve the problem?

그러나 중앙은행들의 이러한 움직임이 문제를 해결해 줄까요?

…pushing central banks into the spotlight.

중앙은행이 집중 조명을 받습니다.

⏱ 0:06:29 ~ 0:06:33

25

They announced emergency **measures and unconventional steps**

그들은 비상 대책과 색다른 계획들을 발표하며

어휘

emergency [iméːrdʒənsi] 명 긴급 상황

ex) In case of emergency, contact us immediately.
긴급 상황 시, 우리에게 즉시 연락하십시오.

140

0:06:33
~ 0:06:41

to prop up the economy.

경제 부양을 도모했죠.

Essentially central banks became 'crisis response units'

본질적으로 중앙은행은 '위기 대응팀'이 되어

trying to stop the next Great Depression.

제2의 대공황을 막으려 애썼습니다.

⏱ 0:06:41 ~ 0:06:48

26

Q. 다음 빈칸에 들어갈 가장 알맞은 것을 고르세요.

4지선다

유럽중앙은행은 유로를 지켜내기 위해 모든 조처를 할 준비가 되어 있습니다.

The ECB is ready to do whatever it takes to _____ the euro.

(A) forget

(B) plant

(C) deserve

(D) preserve

정답 (D)

27

Some people began to question whether the institutions

몇몇 사람들은 의문을 갖기 시작했습니다.

표현

Some people began to~

몇몇 사람들은 ~하기 시작했습니다.

ex) Some people began to complain about their lives.
몇몇 사람들은 그들의 삶에 대해 불평하기 시작했다.
Some people began to support us.
몇몇 사람들은 우리를 지지하기 시작했다.

> 일부 사람들이 무언가를 하기 시작했다고 할 때 하는 말이 Some people began to~입니다. 의미는 '몇몇 사람들은 ~하기 시작했습니다'로 begin 다음에 to부정사를 넣어 표현하기도 합니다.

0:06:51
~ 0:06:53

really had their best interests at heart.

이 기관들이 순수한 의도를 가졌는지 말이죠.

28

Protesters complained central banks were too secretive

시위자들은 중앙은행들이 너무 불투명하며

어휘

secretive [síːkritiv]   형 터놓지 않는, 숨기는

ex) Why are you being so secretive about your new project?
왜 새로운 프로젝트를 그렇게 숨기려 하는 거야?

and that they cared more about bailing out big banks

보통 사람들을 돕기보다는 큰 은행의 긴급 구제에 더 큰

than helping everyday people.

관심을 쏟고 있다고 지적했습니다.

And of course, there was failing to spot the financial crisis in the first place.

물론 애당초 금융 위기를 발견하지도 못했죠.

Even though central bank independence was

비록 중앙은행의 독립성이

put in place to stop inflation from going too high,

인플레이션이 너무 높아지는 걸 막기 위해 도입됐다고 하지만

some point out that a decade after the crisis,

일각에서는 위기로부터 10년이 지난 지금

the actual challenge is inflation rates being too low.

실제 과제는 너무 낮은 인플레이션율이란 지적이 나옵니다.

So is their mandate still relevant?

그렇다면 그들의 임무는 여전히 관련이 있을까요?

It's a question many are trying to answer, including some central banks themselves.

이것은 몇몇 중앙은행을 포함한 많은 사람들이 답하려고 하는 질문입니다.

⏱ 0:07:32 ~ 0:07:33

29

But however they evolve,

하지만 그들이 어떻게 진화하든지

어휘

evolve [iválv]　　　　　　⑧ 발전하다, 진화하다

ex) Some people believe that we evolved from the apes.
　　몇몇 사람들은 우리가 유인원으로부터 진화했다고 믿는다.

∴ Subtitles ∴

0:07:33
~ 0:07:41

central bank bosses argue trust is key for them to be effective,

중앙은행 총재들은 효과적인 역할 수행을 위해선 신뢰가 핵심이며

and to be trusted, they have to be independent.

그 신뢰를 얻으려면 그들이 독립적이어야 한다고 주장합니다.

⏱ 0:07:41 ~ 0:07:45

30

Q. 다음 빈칸에 들어갈 알맞은 어휘를 써보세요.

쓰기

독립성 없이는 정책은 잘못될 수밖에 없습니다.

Without independence, policy is _____ to go astray.

명사 independence는 '독립', '자립'을 뜻합니다.　정답) bound

31

Yet it's not that **easy.**

하지만 그리 쉽지만은 않습니다.

표현

It's not that~

그것이 그렇게 ~하지는 않아요.

ex) It's not that simple.   그렇게 간단치 않아.
It's not that complicated.   그게 그렇게 복잡하지만은 않아요.

무언가를 강조해서 말할 때 It's not that~처럼 얘기하면 '그것이 그렇게 ~하지는 않아요' 라는 뜻입니다. 보통 that 다음에 형용사를 넣어 표현하죠.

∴ Subtitles ∴

0:07:47
~ 0:07:49

Despite their supposed independence,

독립성이 보장되어야 함에도

32

most central bank heads are appointed **by a political process.**

대부분의 중앙은행 총재들은 정치적 절차에 의해 임명됩니다.

어휘

appointed [əpɔ́intid]   형 임명된, 지정된

ex) He was officially appointed as the Korean ambassador to Japan.
그는 공식적으로 주일 한국대사로 임명되었다.

For example, the European Council picks the ECB head

예를 들어, 유럽 이사회는 유럽중앙은행 대표를 임명하고

and the US President selects the Fed boss.

미국 대통령은 연준 의장을 지명하죠.

There are few more important positions than this.

이보다 더 중요한 자리는 별로 없습니다.

In extreme situations, governments fire central bankers too.

극단적인 상황에서 정부는 중앙은행장들을 해임하기도 합니다.

Take Turkey.

터키를 한번 보죠.

President Erdogan fired his central bank chief in July 2019.

에르도안 대통령은 2019년 7월 중앙은행 총재를 해임했습니다.

Many speculate this was due to his unwillingness to

많은 사람들은 이것이 금리를 인하하라는 에르도안의 요청을

lower interest rates at Erdogan's request.

그가 따르지 않았기 때문이라고 추측합니다.

33

Research has consistently **shown that**

연구 결과들이 일관적으로 보여주는 것은

consistently [kənsístəntli] 🄫 일괄적으로, 시종일관하여

ex) I'm fed up with your attitude.
It's been consistently negative from the very beginning.
난 네 태도에 질려버렸어. 맨 처음부터 시종일관 부정적이었어.

0:08:24
~ 0:08:29

economies perform better and prices are more stable

중앙은행이 독립적일 때 경제가 더 활발하고

when central banks are independent.

물가가 더 안정적이란 것입니다.

34

Q. 다음 빈칸에 들어갈 가장 알맞은 것을 고르세요.

4지선다

그러나 포퓰리즘 지도자들이 권력을 쥐고 금리가 사상 최저 수준인 상황에서

But with populist leaders in _____ and interest rates at historic lows,

(A) health

(B) power

(C) wealth

(D) excitement

정답 (B)

0:08:34
~ 0:08:40

whether central bankers will be able to

과연 중앙은행들이

hold on to the autonomy they've enjoyed for the last generation

지난 세대에서 누렸던 자율성을 지켜낼 수 있을지

35

remains to be seen.

귀추가 주목됩니다.

어휘

remain [riméin]

ex) That remains to be seen.

동 머무르다, 남다

그건 두고 볼일이야.

∴ Subtitles ∴

0:08:41
~ 0:08:51

Hi, guys. Thank you so much for watching.

안녕하세요, 여러분 시청해 주셔서 정말 감사합니다.

What do you think?

여러분 생각은 어떤가요?

Should central banks be independent?

중앙은행은 독립적이어야 할까요?

Let us know in the comments section and I will see you soon.

댓글창에 의견을 남겨주세요 다음에 또 뵙겠습니다.

MEMO

05

The fight over the internet, under the sea

0:00:00
~ 0:00:16

There's a good chance that the bits and bytes that make up this video

이 영상을 구성하는 비트 및 바이트는 여러분에게

have traveled to you through a fiber optic submarine cable

바다 밑바닥에 놓인 광섬유 해저 케이블을 통해

running along the ocean floor.

전달되고 있을 가능성이 높습니다.

These cables are part of the infrastructure that

이 케이블은 기반 설비의 일부로

transmits almost all internet data around the world.

전 세계 거의 모든 인터넷 데이터를 전송합니다.

And as everyone and everything becomes

그리고 모든 사람과 모든 것들이

⏱ 0:00:16 ~ 0:00:18

01

increasingly reliant on the internet to function,

인터넷 기능에 점점 더 의존하게 되면서

어휘

reliant [riláiənt]   형 의존하는

ex) I'm still reliant on my parents for money.
난 아직도 돈을 부모님께 의존하고 있다.

152

0:00:18
~ 0:00:39

who owns, builds and ultimately controls this network

누가 이 네트워크를 소유하고 구축하고 궁극적으로 통제하는지가

will be more critical than ever.

그 어느 때보다 더 중요해질 겁니다.

CNBC EXPLAINS The fight over the internet, under the sea

CNBC가 설명해드립니다. 바닷속 인터넷 전쟁

Internet adaptation has steadily increased over the last couple of decades.

인터넷 보급은 지난 수십 년간 꾸준히 증가해 왔습니다.

Despite its creation in the late 1960s,

1960년대 후반에 만들어졌음에도

the internet was only widely adopted in 1989

인터넷은 1989년에야 비로소 널리 채택되었습니다

⏱ 0:00:39 ~ 0:00:44

02

after the invention of the world wide web, revolutionizing the way we communicate.

우리의 의사소통 방식에 혁명을 일으킨 월드 와이드 웹이 발명된 후에 말이죠.

어휘

communicate [kəmjúːnəkèit]   동 전달하다, 의사소통하다, 대화하다

ex) We communicated with each other using sign language.
우리는 수화를 사용해서 서로 대화를 나눴다.

0:00:44
~ 0:00:51

Before the rise of mobile devices,

모바일 기기가 부상하기 전

internet access was largely limited

인터넷 접근성은 비싸고 불편한

to expensive and inconvenient desktop computers.

데스크톱 컴퓨터로 크게 제한돼 있었습니다.

⏱ 0:00:51 ~ 0:00:54

03

Q. 다음 빈칸에 들어갈 알맞은 어휘를 써보세요.

쓰기

하지만 오늘날 이것은 우리 삶의 필수적인 부분이 되었죠.

But today, it's an _____ part of our lives.

형용사 indispensable은 '필수적인', '불가결한'의 뜻입니다. 정답) indispensable

04

So, here's how **it** works.

자, 작동 방식은 이렇습니다.

표현

Here's how ~ works.

~ 방식은 이렇습니다.

ex) **Here's how the process works.**   공정 과정은 이렇습니다.
Here's how this machine works.   이 기계 작동 방식은 이렇습니다.

> 작동하는 방식이 어떻게 되는지를 누군가에게 알려줄 때 Here's how ~ works. 라고 합니다. '~ 방식은 이렇습니다'로 동사 work은 '일하다'가 아닌 '작동하다'의 뜻입니다.

∴ Subtitles ∴

0:00:56
~ 0:01:11

When you send an email, tweet or post a photo online,

여러분이 이메일을 보내거나 트윗을 하거나 사진을 포스팅 하면

that data is sent through cables or more commonly radio waves

그 데이터는 케이블 또는 보다 일반적으로 전파를 통해

to a router or cell phone tower.

라우터 또는 휴대폰 타워로 전송됩니다.

From there, these signals are sent through a series of fiber optic cables

거기서, 이 신호들은 일련의 광케이블을 통해 보내지는데

in the form of pulses of light to an internet exchange,

빛의 파동 형태로 분류소와 같은 역할을 하는

0:01:11
~ 0:01:16

which acts like a sorting office.

인터넷 교환소로 가게 되죠.

Most data from users in a local area network

근거리 통신망 사용자의 데이터 대부분은

⏱ 0:01:16 ~ 0:01:19

05

pass through these hubs in order to connect to other networks.

이런 허브를 통과하여 다른 네트워크에 연결됩니다.

어휘

connect [kənékt]   통 연결하다, 접속하다

ex) Hold the line, I'm trying to connect you.   전화 끊지 마, 전화 연결 할게.

0:01:19
~ 0:01:31

For networks and data centers on the other side of the world,

지구 반대편의 네트워크 및 데이터 센터의 경우

this journey will likely traverse the seabed.

이 여정은 해저면을 횡단할 가능성이 큽니다.

These submarine cables crisscross the ocean

이 해저 케이블들은 바다를 건너

before arriving at an anonymous looking building like this.

이렇게 생긴 이름 없는 건물에 도착하게 되죠.

0:01:31
~ 0:01:39

It's called a landing station

이곳을 랜딩 스테이션(종착역)이라고 합니다.

and it's the end of the line for the submarine cable

해저 케이블은 이곳에 다다른 뒤

before the data begins its journey overland again.

육지에서의 데이터 전송 여정을 다시 시작하게 되죠.

⏱ 0:01:39 ~ 0:01:42

06

Q. 다음 단어를 우리말 의미에 맞게 알맞은 순서로 배열하세요.

어순배열

바다를 가로질러 케이블을 설치하는 것은 중요한 업적입니다.

is a significant feat / across any ocean / to lay a cable

_____

구조상 To lay a cable across any ocean이 be동사 is의 주어 역할을 합니다.

∴ Subtitles ∴

0:01:42
~ 0:01:47

but it's not a modern innovation,

하지만 현대적 혁신은 아니죠.

it's been happening for more than 160 years.

이 일은 160년 이상 지속되어 왔습니다.

07

As soon as the cable is passed under the bows,

케이블이 뱃머리 아래로 전달되는 즉시

표현

As soon as~

~하자마자

ex) As soon as I get there, I'm going to call you.
그곳에 도착하자마자, 전화할게요.
As soon as she saw me, she ran away.
그녀가 날 보자마자, 달아났다.

부사절 접속사인 as soon as는 '~하자마자'로 뒤에 절(주어+동사)의 구조를 가집니다.

∴ Subtitles ∴

0:01:50
~ 0:01:52

the crew take charge of it.

승무원이 관리를 시작합니다.

08

The invention and widespread use of the electric telegraph,

전기 통신의 발명과 광범위한 보급은

어휘

widespread [waidspred]   휑 광범위한, 널리 퍼진

ex) There is widespread public concern about this problem.
이 문제 대한 광범위한 대중 불안이 있다.

which could carry the dots and dashes of Morse code,

모스 부호의 점과 선을 전달할 수 있게 해주었고

led to the first transatlantic telegraph cable

1858년, 최초의 대서양 횡단 전보 케이블을

between the US and Britain in 1858.

미국과 영국 사이에 설치하기에 이르렀죠.

By the early 20th century,

20세기 초에 이르러

the dominance of the telegraph was replaced by telephone technology

전보의 장악력이 전화 기술로 대체되며

that allowed voices to be carried over wires through electrical signals.

목소리가 전선을 타고 전기 신호로 전달되게 됩니다.

Soon, submarine cables were carrying telephone traffic,

곧, 해저 케이블들은 전화 송수신을 담당하게 됐죠.

which were laid worldwide,

전 세계를 연결하는 이 케이블들은

09

mostly by telecommunication monopolies **such as the British Post Office**

주로 전기통신을 독차지하고 있던 영국 우편 사무국이나

어휘

monopoly [mənάpəli]   명 독점, 전매

ex) Until recently, Clean Telephone had a monopoly on telephone services.
최근까지 클린 텔레폰이 전화대행 서비스에 독점권을 가졌다.

∴ Subtitles ∴

0:02:20
~ 0:02:37

and the American Telephone and Telegraph, or AT&T.

아메리칸 텔레폰 앤 텔레그래프 일명 AT&T가 설치했습니다.

Amidst the dotcom bubble in the 1990s,

1990년대 닷컴 버블 속에서

international consortiums began to invest in submarine cables too.

국제 자본 연합 기구들도 해저 케이블에 투자하기 시작했습니다.

35km of fiber optics connects this one dealing room.

35km의 광섬유가 이 거래장을 연결하고 있습니다.

These private companies sold or leased the bandwidth

이러한 민간 회사들은 더 큰 용량이 필요한 상업 독립체들에

0:02:37
~ 0:02:44

to other commercial entities which needed more capacity.

대역폭을 판매하거나 대여했습니다.

The last ten years have seen a rapid expansion of the network

지난 10년간 우리가 목격한 네트워크의 급속한 확산은

⏱ 0:02:44 ~ 0:02:46

10

to keep up with the demand for **internet services.**

인터넷 서비스 수요에 부응하기 위함이었죠.

스피킹

keep up with the demand for
수요에 부응하다

숙어로 keep up with는 '유행을 따르다'이며 demand for는 '~에 대한 수요'입니다. 즉 keep up with the demand for는 '수요에 부응하다'로 전체 문장을 '키이펍(keep up) 위ㄷ 더 디맨ㄷ 뽀ㄹ'처럼 발음하면 됩니다.

0:02:46
~ 0:02:48

As of early 2020,

2020년 초인 현재

11

there were 406 submarine cables

406개의 해저 케이블이 있고

표현

There were~

~이 있었어요.

ex) There were a lot of things to do and see at the amusement park.
놀이 공원에는 할 게 그리고 볼게 많이 있었다.
There were lots of varieties to choose from.
선택할 수 있는 많은 종류들이 있었다.

> 유도부사 there를 활용해서 There were~처럼 말하면 '~이 있었어요'의 뜻입니다. 여기서 be동사가 were이므로 뒤에는 복수명사가 나와야 하죠.

0:02:50
~ 0:03:03

that totaled around 750,000 miles in length,

총 길이는 약 75만 마일(약 120만km)에 달합니다.

enough to go around the world 30 times.

지구를 30바퀴 돌 정도의 길이죠.

Some lines are relatively short,

어떤 노선은 상대적으로 짧습니다.

like the 81-mile CeltixConnect cable between Ireland and the United Kingdom,

아일랜드와 영국을 잇는 81마일(약 130km)의 셀틱스 커넥트 케이블처럼 말이죠.

0:03:03
~ 0:03:17

while others, such as the Asia America Gateway cable,

반면, 아시아 아메리카 게이트웨이 케이블은

which runs across the Pacific Ocean, is 12,427 miles long.

태평양을 가로질러 놓여 있고 길이가 12,427마일(약 20,000km)이나 됩니다.

Packed within these cables are fiber optic strands

이 케이블에는 광섬유 가닥이 들어 있습니다.

that transmit data at speeds of more than 100,000 miles/second,

데이터 전송 속도는 초당 100,000마일 이상이며

🕐 0:03:17 ~ 0:03:21

12

and they carry more than 95% of international data.

국제 데이터의 95% 이상을 운반하고 있습니다.

어휘

carry [kǽri]   동 운반하다, 취급하다

ex) We lifted the table and carried it down the stairs.
우리는 테이블을 들어 계단 아래로 옮겼다.

⏱ 0:03:21 ~ 0:03:24

13

That's because undersea cables are still the fastest, most reliable

왜냐하면 여전히 해저 케이블이 가장 빠르고 안정적이며

표현

That's because~

그것은 ~때문이에요.

ex) I want to take a day off. That's because I don't feel well.
하루 쉬고 싶어요. 그 이유는 몸 상태가 좋지 않기 때문이에요.
That's because my contract has been terminated.
내 계약이 만료되었기 때문이야.

원인을 일일이 언급할 때 That's because~라는 식으로 말하게 되는데요, '그것은 ~때문
이에요'로 접속사 because 다음에 이유에 해당되는 내용이 나오게 되죠.

∴ Subtitles ∴

0:03:24
~ 0:03:37

and least costly way to transmit information over vast distances.

가장 저렴하게 아주 먼 거리까지 정보를 전송하는 방법이기 때문이죠.

While the infrastructure on land and underwater is vulnerable

육지나 해저의 기반시설은 종종 출현하는 호기심 많은

to the occasional curious rat or shark,

쥐와 상어에 취약하기도 하지만

the biggest threat to submarine cables is human activity.

되려 해저 케이블의 가장 큰 위협은 인간의 활동입니다.

0:03:37
~ 0:03:53

In 2011, internet access to the whole of Armenia was severed after

2011년, 아르메니아 전 지역의 인터넷 접속 차단되었는데

an elderly Georgian woman damaged an underground cable

조지아 국적의 노부인이 구리를 채굴하다가

while scavenging for copper,

지하 케이블을 훼손한 것이었죠.

while in 2016, a ship dragging its anchor in the English Channel

또 2016년에는 배가 영국 해협에서 닻을 끌고 가다가

cut three undersea internet cables.

해저 인터넷 케이블 3개를 끊어버렸습니다.

⏱ 0:03:53 ~ 0:03:57

14

Q. 다음 빈칸에 들어갈 알맞은 어휘를 써보세요.

쓰기

그러나 어떤 상황에서는 위성이 인터넷 전달에 필요하기도 합니다.

In some circumstances, though, satellites are needed to _____ the internet.

숙어로 in some circumstances는 '어떤 상황에서는'의 뜻입니다.   정답) deliver

0:03:57
~ 0:04:04

Very remote areas don't have the population density

아주 외딴 지역은 인구 밀도가 높지 않아

to make an economic case for cabling, so satellites are the preferred option.

케이블의 경제성이 떨어지기 때문에 위성이 더욱 선호됩니다.

⏱ 0:04:04 ~ 0:04:07

15

For security reasons, **many governments and their military**

보안상의 이유로 많은 정부 및 그 군대에서는

표현

For security reasons

보안상의 이유로

ex) For security reasons, please log in again.
보안상의 이유로, 다시 로그인 해주십시오.
For security reasons, we need to confirm your identity.
보안상의 이유로, 우리는 당신 신원을 확인해야 합니다.

> 일을 하다보면 보안상의 이유 때문에 특별한 조치를 취해야만 하는 경우가 생깁니다. 영어로 for security reasons는 '보안상의 이유로'의 뜻으로 쓰이는 표현입니다.

⏱ 0:04:07 ~ 0:04:09

16

also rely **on satellites.**

위성에 의존합니다.

어휘

rely [rilái]   동 의지하다, 의존하다

ex) We can't rely on the weather forecast.   우리는 일기 예보를 믿을 수가 없다.

166

Google's parent company Alphabet has also set their sights

구글의 모회사 알파벳이 눈여겨본 방식은

on internet balloons to beam the internet to unconnected parts of the world.

인터넷이 연결 안 된 지역에 인터넷 풍선을 띄워 빔을 쏘는 것이죠.

But even as the web has grown, it has also narrowed in some respects.

하지만 웹이 성장해왔음에도 어떤 면에서는 더 축소했습니다.

The rise of the American tech giants in the 21st century meant that

21세기에 들어 눈에 띄는 미국 거대 기술기업들의 부상은

Silicon Valley had a reason to invest in these strategic assets.

실리콘밸리가 이러한 전략적 자산에 투자할 이유가 충분했다는 의미이죠.

Today, content providers such as Google, Facebook, Amazon and Microsoft

오늘날, 구글, 페이스북, 아마존 마이크로소프트와 같은 콘텐츠 제공업체들은

own or lease more than half of the global undersea bandwidth.

전 세계 해저 대역폭의 절반 이상을 소유하거나 임대하고 있습니다.

As of 2020, Google has invested in 16 cables that traverse most of the world,

2020년 현재, 구글은 전 세계를 가로지르는 16개의 케이블에 투자하고 있습니다.

0:04:41
~ 0:04:48

Facebook has stakes in 12 that cross both the Pacific and Atlantic Oceans,

페이스북은 태평양과 대서양을 가로지르는 12개의 노선을 보유하고 있죠.

while Microsoft and Amazon have funded five cables each.

반면, 마이크로소프트와 아마존은 각각 5개의 케이블에 투자했습니다.

🕐 0:04:48 ~ 0:04:52

17

Q. 다음 빈칸에 들어갈 가장 알맞은 것을 고르세요.

4지선다

거대 기술 기업들이 데이터 센터의 글로벌 네트워크를 확장함에 따라

As the tech giants _____ their global network of data centers,

(A) reduce

(B) expect

(C) alleviate

(D) expand

정답 (D)

18

these cables will be essential to meet the demand for their services

이 케이블은 서비스 제공에 필수적인 요소가 될 것입니다.

어휘

essential [isénʃəl]　　　　형 필수의, 가장 중요한, 본질적인

ex) We can live without clothes, but food and drink are essential.
우리는 옷 없이 살수는 있지만 음식물은 필수다.

∴ Subtitles ∴

0:04:55
~ 0:05:16

such as cloud computing and streaming,

클라우드 컴퓨팅 및 스트리밍 같은 서비스는

which require minimal delay and lots of bandwidth.

최소한의 지연과 많은 대역폭을 필요로 합니다.

But the ownership of these submarine cables is drawing scrutiny from governments

그러나 이러한 해저 케이블의 소유는 보안상의 이유로 정부로부터

due to security concerns.

정밀 조사를 받고 있습니다.

Some analysts believe it's the latest frontier

일부 분석가들은 이것이 미국과 중국의 지정학적 싸움에서

in the geopolitical battle between China and the US

최신의 개척지라고 믿고 있습니다.

from laying a cable between the country and the Solomon Islands

자국 영토와 솔로몬 제도 사이에 케이블 설치하는 것을 막았습니다.

over concerns that it would give the Chinese government

중국 정부가 이것을 통해 자국 네트워크 접속 권한을

access to its networks.

얻게 될까 우려한 것이죠.

In June, a US national security panel

6월엔 미국 국가 안보 심사원은

⏱ 0:05:26 ~ 0:05:30

19

objected **to an 8,000-mile cable being built by Facebook and Google**

페이스북과 구글의 8,000마일 길이 케이블 사업에 반대했습니다.

어휘

object [ɑ́bdʒikt]   동 반대하다, 이의를 주장하다

ex) He objected that it would cost too much.
그는 비용이 너무 많이 들 거라고 이의를 제기했다.

0:05:30
~ 0:05:41

connecting Hong Kong and the US,

홍콩과 미국을 연결하는 사업이었죠.

arguing that it would offer 'unprecedented opportunities'

이것은 중국 정부 첩보부가 인터넷 트래픽 정보를 수집할

for Chinese government espionage by capturing internet traffic.

전례 없는 기회를 제공할 수 있다고 이 기관은 주장했습니다.

Many analysts believe that Huawei's growing involvement

많은 분석가들은 화웨이가 전 세계 해저 케이블에 대한

⏱ 0:05:41 ~ 0:05:45

20

in the construction and repair of submarine cables worldwide

건설과 수리에 점점 더 깊게 관여하는 모습은

어휘

repair [ripέər]   명 수리

ex) We're doing repairs on the bridge.   우리는 다리 보수 작업을 하고 있는 중이다.

0:05:45
~ 0:06:07

could even allow China to disrupt internet links between nations,

중국이 국가 간 인터넷 연결마저 방해하도록 허용할 수도 있다고 믿습니다.

echoing strategies employed during World War I.

제1차 세계대전 중 채택된 전략과 유사하게 말이죠.

Then, the United Kingdom's dominance of the international telegraph infrastructure

당시, 영국은 국제 전보 기반 설비를 장악하고 있습니다.

allowed it to cut off almost all of Germany's communication with the outside world.

이는 독일의 거의 모든 외부 세계와의 통신을 차단하게 해주었습니다.

Likewise, the US had an espionage program in the 1970s

마찬가지로, 미국은 1970년대에 스파이 프로그램을 가지고

to tap Russian undersea communication cables.

러시아 해저 케이블을 도청했습니다.

⏱ 0:06:07 ~ 0:06:11

21

Having multiple submarine cables covering the same route

여러 개의 해저 케이블이 한 길로 지나게 되면

어휘

multiple [mʌltəpl]   형 다양한, 복합적인

ex) She suffered multiple injuries to her legs.
그녀는 다리에 여러 군데의 상처로 괴로워했다.

172

0:06:11
~ 0:06:20

acts as a buffer in the event a cable is damaged.

케이블이 손상되는 상황 속에서 완충재 역할을 합니다.

However, building more cables won't necessarily improve connectivity

하지만 더 많은 케이블을 구축한다고 해서 모든 이용의 연결성이나 인터넷 속도가

or internet speeds for everyone.

향상되는 것은 아닙니다.

⏱ 0:06:20 ~ 0:06:24

22

For instance, despite having the second largest online market globally,

예를 들어, 세계에서 두 번째로 큰 온라인 시장임에도 불구하고 말입니다.

표현

For instance
예를 들어

ex) Jane is totally unreliable, for instance, she often leaves the children alone in the house.
제인은 완전히 신뢰할 수 없다, 예를 들어, 그녀는 종종 아이들을 집에 혼자 남겨 놓는다.
In the movie industry, for instance, 100 jobs are being lost.
영화 산업에서, 예를 들면, 백 개의 일자리들이 소멸되고 있다.

대화 도중에 뭔가 예를 들어 좀 더 구체적으로 설명하고 싶다면 for instance를 사용하면 됩니다. '예를 들어'라는 뜻이지요.

The fight over the internet, under the sea **173**

0:06:24
~ 0:06:27

half of the Indian population still don't have internet access.

인도 인구의 반이 여전히 인터넷 접속을 하지 못하고 있습니다.

⏱ 0:06:27 ~ 0:06:31

23

Q. 다음 단어를 우리말 의미에 맞게 알맞은 순서로 배열하세요.

어순배열

아프리카 또한 서비스가 매우 열악한 지역입니다.

Africa is also / region / a significantly underserved

부사 significantly는 underserviced를 앞에서 수식해줍니다.

0:06:31
~ 0:06:48

with 871 million people lacking access to the internet.

8억 7천 1백만 명의 사람들이 인터넷 접속을 못 하고 있죠.

Reasons include the lack of data centers,

그 이유로는 데이터 센터의 부족

last-mile infrastructure and unaffordable costs for end-users

최종 단계 기반 시설 부족 및 최종 사용자가 감당 못 할 비용 등이 있죠.

that won't be solved by increased undersea bandwidth.

그것은 해저 대역폭을 늘린다고 해결되지 않을 것입니다.

However, as these markets open up and more people come online,

하지만 이러한 시장이 열리고 더 많은 사람들이 온라인에 접속한다면

🕐 0:06:48 ~ 0:06:51

24

demand for faster internet speeds will continue to rise.

빠른 인터넷 속도에 대한 요구는 계속해서 증가할 것입니다.

어휘

continue [kəntínju:]　　　　　　　　　⑧ 지속시키다, 계속하다

ex) **The city's population will continue to grow.**
도시 인구는 계속해서 늘어갈 것이다.

It's unlikely, then, that the submarine cable race between

그렇게 된다면 거대 기술 기업들 간의

the big tech companies is going to slow down.

해저 케이블 경쟁은 좀처럼 잦아들지 않겠죠.

With billions of dollars of revenue at stake,

수십억 달러의 수익이 걸려 있기에

more money will continue to be invested in these expensive subsea projects.

이 값비싼 해저 프로젝트엔 계속해서 더 많은 돈이 투자될 것입니다.

Hi guys, thanks for watching our video.

안녕하세요, 여러분 저희 영상을 봐주셔서 감사합니다.

If you're wondering why we're standing on this beach, well,

저희가 왜 이 해변에 서 있는지 궁금하실 텐데요.

under the water over there is a submarine cable

저 뒤로 보이는 물 밑에 있는 해저 케이블은

that runs from the west coast of England to the east coast of America,

영국 서부 해안에서 미국의 동부 해안까지 이어집니다.

about 3,500 miles away.

약 3,500마일(약 5,600km) 떨어져 있죠.

We'll see you next time.

다음에 뵙겠습니다.

06

The perils of developing a vaccine at warp speed

This is Jonas Salk in his laboratory at the University of Pittsburgh in April 1955,

이분은 조나스 솔크입니다, 1955년 4월 피츠버그 대학의 본인 실험실에서

perfecting America's first vaccine against the poliovirus,

그는 미국 최초의 폴리오바이러스 백신을 완성합니다.

which killed or paralyzed about half a million people worldwide each year.

매년 전 세계 약 50만 명의 사람들을 죽이거나 마비시킨 바이러스죠.

In the US alone 58,000 new cases were reported in 1952,

미국에서만 5만 8천 건의 새로운 사례가 1952년에 보고되었고

with over 3,000 fatalities.

사망자가 3,000명이 넘었습니다.

🕐 0:00:25 ~ 0:00:28

01

The headlines screamed of the success of the Salk vaccine,

솔크의 백신 제조 성공은 대서특필되었습니다.

어휘

success [səksés]   명 성공, 성과

ex) **The party was a great success.**   그 파티는 대단히 성공적이었다.

178

0:00:28
~ 0:00:39

on the 10th anniversary of the death of history's

그 해는 역사상 가장 유명한 소아마비 환자의 사망 10주기였죠.

most famous polio patient, Franklin Delano Roosevelt.

바로 프랭클린 델라노 루즈벨트입니다.

So when news broke of a successful polio vaccine in 1955,

그래서 1955년에 소아마비 백신 개발에 성공했다는 뉴스가 나왔을 때

⏱ 0:00:39 ~ 0:00:42

02

there was widespread jubilation.

전국은 환희의 도가니였습니다.

표현

There was widespread~

광범위한 ~이 있었어요.

ex) **There was widespread destruction.**　　광범위한 파괴가 있었어.
There was widespread public interest in the election last month.
지난달에 투표에 광범위한 대중의 관심이 있었다.

> 보통 there was라고 하면 '~이 있었다'인데요, 여기에 형용사 widespread(광범위하게 퍼진)를 넣어 There was widespread~라고 하면 '광범위한 ~이 있었어요'가 됩니다.

0:00:42
~ 0:00:52

But just weeks later,

하지만 몇 주 후

those who received the vaccine produced by a specific lab,

특정 연구소에서 생산된 백신 바로 커터 연구소의 백신을

Cutter Laboratories,

맞은 사람들에게서

reported polio infections.

소아마비 감염이 보고됐습니다

⏱ 0:00:52 ~ 0:00:55

03

Q. 다음 빈칸에 들어갈 알맞은 어휘를 써보세요.

쓰기

백신 제조를 엄청나게 서두르다 보니

In the haste to _____ the vaccine at warp speed,

숙어로 in the haste to는 '~하려고 서둘러'의 뜻이에요. 정답) manufacture

0:00:55
~ 0:01:05

120,000 doses of the vaccine from this lab included the live poliovirus

이 연구소에서 만들어진 120,000회분의 백신 안에 비활성화된 병원균 대신

instead of an inactivated version of the pathogen.

살아있는 폴리오바이러스가 들어간 것입니다.

Because of this error,

이 오류 때문에

⏱ 0:01:05 ~ 0:01:10

around 40,000 children contracted a mild case of the disease,

약 4만 명의 아이들에게서 가벼운 증상이 발현됐지만

어휘

mild [maild]   형 온화한, 가벼운

ₑₓ) It's been a mild winter this year.   올해는 겨울이 따뜻했다.

0:01:10
~ 0:01:18

while five died and 56 were paralyzed.

5명이 사망하고 56명이 마비되었습니다.

This moment in history redefined the way vaccines are developed and regulated.

이 역사적 사건으로 백신 개발과 규제에 대한 인식이 재정립됐습니다.

0:01:18
~ 0:01:34

CNBC EXPLAINS How mistakes redefined the vaccine process.

CNBC가 설명해드립니다 실수로 인해 백신 프로세스가 재정립된 사연은?

The development of a vaccine is now

백신의 개발은 오늘날

one of the most regulated aspects of the medical industry.

의학 산업에서 가장 철저한 규제의 대상입니다.

It typically takes more than 10 years to create one,

하나의 백신을 만드는 데는 보통 10년 이상 걸립니다

⏱ 0:01:34 ~ 0:01:36

05

but there have been some exceptions.

하지만 몇몇 예외가 있었죠.

표현

There have been some~

몇몇 ~이 있었어요.

ex) **There have been some solutions to the problem.**
그 문제에 대한 몇몇 해결책들이 있었어요.
There have been some rapid developments.
몇몇 급격한 성장이 있었어요.

> 유도부사 there를 활용해서 There have been some~이라고 하면 그 의미는 '몇몇 ~이
> 있었어요'가 됩니다.

0:01:36
~ 0:01:48

The fastest vaccine created to date was for mumps,

지금까지 만들어진 백신 중 가장 빠른 것은 볼거리였습니다.

which was licensed in 1967 after just 4 years of development.

개발 4년 만인 1967년에 허가를 받았죠.

In 2019, a vaccine for the Ebola virus

2019년, 에볼라 바이러스 백신은

⏱ 0:01:48 ~ 0:01:51

06

was approved in principle by the World Health Organization

세계보건기구에 의해 원칙적으로 승인되었습니다.

어휘

principle [prínsəpl]   명 원리, 원칙, 법칙

ex) **They agreed to the plan in principle.**   그들은 대체로 계획에 동의했다.

0:01:51
~ 0:01:54

after 5 years of development and trials.

개발 및 임상 기간은 5년이었죠.

07

쓰기

Q. 다음 빈칸에 들어갈 알맞은 어휘를 써보세요.

궁극적으로 백신 제조업체들은 안전과 속도의 균형에 무게를 두고 있습니다.

Ultimately, vaccine makers are _____ the balance between safety and speed.

숙어로 weigh the balance는 '균형에 무게를 두다'입니다. 정답) weighing

0:02:00 ~ 0:02:15

The development of a vaccine typically goes through several phases
백신의 개발은 보통의 경우 여러 단계를 거칩니다.

the academic research,
학문적 연구

pre-clinical stage, three phases of human trials,
전임상시험 3단계에 걸친 임상시험

regulatory approvals,
규제 승인

0:02:15
~ 0:02:18

scaling it for mass production, manufacturing and distribution.

대량 생산, 제조 및 유통을 위한 과정을 거치게 되죠.

In an accelerated model, these timelines are compressed

가속화된 모델에서는 이 시간표가 많이 압축되어

⏱ 0:02:18 ~ 0:02:20

08

and may happen simultaneously.

여러 단계가 동시에 진행됩니다.

어휘

simultaneously [sàiməltéiniəsli]　　부 동시에

ex) Two books on the same subject appeared simultaneously.
같은 주제를 다룬 두 권이 책이 동시에 발행됐다.

∴ Subtitles ∴

0:02:20
~ 0:02:27

For example, Microsoft billionaire Bill Gates is funding new factories

예를 들어, 마이크로소프트의 억만장자 빌 게이츠는 새로운 공장에 투자해서

to manufacture seven promising vaccines,

7개의 유망한 백신을 생산하고 있습니다.

The perils of developing a vaccine at warp speed　**185**

09

Q. 다음 단어를 우리말 의미에 맞게 알맞은 순서로 배열하세요.

일부는 수십억 달러를 낭비하고 실패로 끝날 수도 있는데 말이죠.

even though / potentially wasting billions of dollars / some may not work

_____

양보를 이끄는 부사절 접속사 even though는 '비록 ~이지만'의 뜻입니다.

Within seven months of Covid-19 being declared a pandemic

세계보건기구가 코로나19를 팬데믹으로 선언한 후

by the World Health Organization,

7개월이 흐른 시점에서

more than 300 potential vaccines were being developed,

300개 이상의 잠재적인 백신들이 개발되고 있었지만

10

with a handful in final stage human trials.

최종 단계 임상시험에 들어간 건 극히 일부입니다.

handful [hǽndfùl]   몡 소수, 소량

ex) We invited 10 people, but only a handful of them came.
우리는 10명의 사람을 초대했지만 단지 소수의 사람들만 왔다.

∴ Subtitles ∴

0:02:45
~ 0:02:57

Early frontrunners such as Russia and China

초기 선두 주자였던 러시아와 중국은

approved vaccines for public use without completing the traditional process

통상적인 과정을 거치지 않고 그들 백신의 공공 사용을 승인하며

leading many experts to voice concerns about their safety.

많은 전문가들이 안정성에 대한 우려를 제기하게 만들었죠.

11

표현

There are so many unanswered questions about any potential vaccine.

잠재적인 백신에 대한 의문점들이 너무나 많습니다.

There are so many unanswered questions about~

~에 대한 의문점들이 너무나 많습니다.

ex) There are so many unanswered questions about his death.
그의 죽음에 대한 의문점들이 너무나 많아요.
There are so many unanswered questions about immigration.
이민에 대한 의문점들이 너무나 많아.

아직도 어떤 것에 대해 풀리지 않은 의문점들이 너무나도 많다고 할 때 There are so many unanswered questions about~ 패턴으로 말합니다. 즉 '~에 대한 의문점들이 너무나 많습니다'의 뜻이죠.

Is it safe?

그것은 안전한가?

12

4지선다

Q. 다음 빈칸에 들어갈 가장 알맞은 것을 고르세요.

어떻게 제조되고 빠르게 유통될 수 있는가?

How does it get manufactured and distributed _____ ?

(A) slowly   (B) quickly

(C) obviously   (D) clearly

정답 (B)

13

어휘

Who gets first access, and what is the dosage?

누가 가장 먼저 접종하고 복용량은 어떻게 되는가?

access [ǽkses]   명 접근, 이용

ex) I have an authority to have unlimited access to the information on every vehicle.
난 모든 차량에 대한 정보를 무제한 이용할 수 있는 권한이 있어.

As early as June 2020, Chinese media reported that

중국 언론은 빠르면 2020년 6월경

staff at state-owned companies could receive a Covid-19 vaccine

국영기업의 직원들이 해외로 나가기 전에 코로나19 백신을

before traveling abroad.

맞을 수 있을 것이라 전했습니다.

They were among the first in the world to receive a vaccine for emergency use,

그들은 세계 최초로 비상용 백신을 맞는 이들이 될 것이었죠.

which was produced by Chinese firm CNBG.

이 백신은 중국 기업 CNBG에서 생산되었습니다.

And then in August, Russia dropped a bombshell

그러다 8월에 러시아가 폭탄선언을 했죠.

with the announcement of its vaccine.

그들의 백신을 발표한 것입니다.

Vladimir Putin said the first Russian-produced vaccine for Covid-19

블라디미르 푸틴은 러시아에서 생산한 첫 코로나19 백신이

14

has received regulatory approval **from the country's health ministry.**

자국 보건부의 규제 승인을 받았다고 전했습니다.

어휘

approval [əprúːvəl]　　명 승인, 허가

ex) We have to get approval from the Chief of Police.
우리는 경찰국장으로부터 승인을 받아야 합니다.

15

My favourite is that it's been approved

승인을 받았다는 부분이 제일 마음에 들어요.

표현

My favourite is~

제일 마음에 드는 것은 ~이에요.

ex) My favourite is when I played hide-and-seek with some friends.
제일 마음에 드는 것은 친구들과 숨바꼭질할 때였어요.
My favourite is that this is the first art show I've ever attended.
이게 제가 참석했던 첫 번째 회화전이라는 게 제일 마음에 들어요.

무언가가 제일 마음에 든다고 할 때 My favorite is~라고 합니다. 의미는 '제일 마음에 드는 것은 ~이에요'입니다.

∴ Subtitles ∴

0:03:41
~ 0:03:43

even though it hasn't actually finished trials.

비록 임상시험은 아직 끝나지 않았지만요

The perils of developing a vaccine at warp speed　**191**

16

Easy come, easy go!

쉽게 얻은 것은 쉽게 사라지죠!

Easy come, easy go!

쉽게 얻은 것은 쉽게 사라지죠!

노력 없이 쉽게 얻은 것은 쉽게 사라진다고 하죠. 영어로는 Easy come, easy go!입니다. 즉 '쉽게 얻는 것은 쉽게 사라지죠!'로 전체 문장을 '이이쥐 컴 이이쥐 고우'처럼 발음하면 됩니다.

0:03:46
~ 0:03:59

This was the first Covid-19 vaccine to be approved albeit within its own borders

비록 국내에 국한되긴 하지만 세계 최초의 승인받은 코로나19 백신이었죠.

and was heralded as the country's 'Sputnik' moment,

국내에선 '스푸트니크'의 순간으로 알려졌습니다.

a reference to the satellite the Soviet Union launched into space in 1957.

소련이 1957년에 우주로 발사한 인공위성을 지칭하는 것이죠.

17

The Soviet Union is launching the first Earth satellite.

소련이 지구 최초의 인공위성을 발사하고 있습니다.

어휘

launch [lɔ:ntʃ]

⟨동⟩ 발사하다, 출시하다, 시작하다

ex) The hospital is launching a campaign to raise money for new equipment.
병원은 새로운 장비 자금 마련을 위해 캠페인을 시작하고 있는 중이다.

∴ Subtitles ∴

0:04:03
~ 0:04:15

Russia subsequently shipped its vaccine to the United Arab Emirates

러시아는 그 후 아랍에미리트와 벨라루스에

and Belarus for clinical trials

백신을 보내 임상시험을 진행하며

while reaching supply agreements with countries

여러 나라와 공급 협정을 맺었습니다.

such as India and Brazil for millions of doses.

인도나 브라질 같은 나라들과 수백만 회분을 계약했죠.

18

All vaccines aim to trigger the immune system

모든 백신은 면역 시스템 활성을 목표로 합니다.

trigger [trígər]   동 일으키다, 유발하다

ex) Heavy rain may trigger mudslides.   폭우로 진흙 사태가 유발될 수도 있다.

by delivering a protein that copies or contains a part of a virus.

바이러스 일부를 복제했거나 함유하고 있는 단백질을 전달하는 거죠.

The specific approach, however, can vary.

그러나 구체적인 접근 방식은 다를 수 있습니다.

A key step is identifying how to deliver

핵심 단계는 이 면역 증강 단백질을

the immunizing protein into the body,

우리 몸에 전달하는 방법을 찾는 것이죠

and at least eight main methods are being tested.

적어도 8가지 주된 방식이 시험대에 올라 있습니다.

For example,

예를 들어 보죠,

19

the vaccine produced by the leading candidate **in the United Kingdom,**

영국의 유력한 선두 주자가 생산한 백신인

candidate [kǽndidèit]   명 후보자, 지원자

ex) Cindy seems to be a likely candidate for the job.
신디가 그 일에 적합한 후보처럼 보인다.

∴ Subtitles ∴

0:04:38
~ 0:04:59

AstraZeneca, in partnership with the University of Oxford,

아스트라제네카는 옥스퍼드 대학과의 제휴로 진행되었고

uses a weakened version of the common cold virus found in chimpanzees.

침팬지에게서 발견되는 일반 감기 바이러스의 약한 버전을 사용합니다.

Candidates that make it through the pre-clinical stage,

후보들이 통과해야 할 전임상시험에는

which may involve animal testing move on to three phases of human trials.

동물실험이 포함되는데 그 이후엔 3단계에 걸친 인간 임상시험을 통과해야 하죠.

The first phase typically involves between 20 and 80 healthy people,

첫 번째 단계엔 전형적으로 20-80명의 건강한 사람들이 참여합니다.

0:04:59
~ 0:05:06

while the second involves a larger group of a few hundred participants,

두 번째는 수백 명의 참가자로 구성된 더 큰 그룹으로 진행하죠.

including those at risk of contracting the illness.

질병이 발현될 가능성이 있는 사람도 포함됩니다.

🕐 0:05:06 ~ 0:05:10

20

4지선다

Q. 다음 빈칸에 들어갈 가장 알맞은 것을 고르세요.

세 번째이자 마지막 단계는 수천 명을 대상으로 합니다.

The third and final phase can include _____ people.

(A) thousands of   (B) millions of

(C) hundreds of   (D) dozens of

정답 (A)

0:05:12
~ 0:05:13

During these trials,

이 시험 동안

21

researchers are watching out for the candidate vaccine's effectiveness,

연구원들은 백신 후보들의 효과를 주시하고 있습니다.

researcher [risə́:rʧər]   몡 연구원

ex) This new book will be an indispensable resource for our researchers.
이 새 책은 우리 연구원들에게 절대 필요한 자료가 될 것이다.

∴ Subtitles ∴

0:05:17
~ 0:05:38

any potential side effects, and the dosage required.

잠재적인 부작용과 필요한 복용량을 밝혀내야 하죠.

After regulatory approvals and licensing, the logistical nightmare begins.

규제 승인과 허가 후에는 물류 악몽이 시작됩니다.

How can a vaccine be manufactured and distributed

어떻게 전 세계 77억 명의 사람들을 위한 백신을 제조하고

to 7.7 billion people worldwide?

나눠줄 수 있을까요?

The efficiency and efficacy of any vaccination program

예방접종 프로그램의 효율과 효과는

The perils of developing a vaccine at warp speed   **197**

22

also depends on **how a vaccine should be stored and administered.**

또한 백신이 어떻게 저장되고 투여되어야 하는지에 달려 있습니다.

표현

~depend on-

~은 -에 달렸다.

ex) That depends on my mood.   그건 제 기분에 따라 달라요.
    That depends on traffic conditions.   그건 교통 상황에 따라 달라.

돌아가는 주변 상황이나 자신의 기분에 따라 뭔가가 달라질 수 있다고 할 때 보통 depend on을 씁니다. '달려있다', '~에 의존하다'로 ~depend on-처럼 말하면 '~은 -에 달려있다'입니다.

0:05:42
~ 0:05:47

For example, a vaccine requiring multiple doses at different times

예를 들어, 여러 번에 걸쳐 다양한 투여량이 요구된다면

23

may complicate **immunization efforts,**

예방접종 노력이 복잡해지겠죠.

어휘

complicate [kάmpləkèit]   동 복잡하게하다

ex) Don't tell Jack about this. It'll only complicate matters.
    이것에 대해 잭한테 얘기하지 마. 단지 문제만 복잡해질 거야.

198

0:05:50
~ 0:06:07

while a vaccine administered orally

반면 백신을 구강 복용하면

may lower the barriers to vaccination significantly.

백신 접종 장벽을 현저히 낮출 수 있습니다.

The equipment needed to support this supply chain,

이 공급망을 지원하는 데 필요한 장비는

including billions of vials and syringes, will also be unprecedented.

수십억 개의 병과 주사기를 포함하여 또한 전례 없는 양이 될 것입니다.

Hindustan Syringes, one of the world's largest manufacturers of the item,

힌두스탄 시린저스는 세계 최대의 제품 제조업체 중 하나이고

⏱ 0:06:07 ~ 0:06:14

24

has pledged to ramp up its production from 700 million a year to a billion by 2021.

연간 7억 개에서 2021년까지 10억 개로 증산을 약속했습니다.

어휘

pledge [pledʒ]   ⑧ 약속하다, 공약하다

ex) They have pledged to cut inflation.
    그들은 인플레이션을 줄이겠다고 약속했다.

0:06:14
~ 0:06:31

Distribution companies like FedEx and UPS are also
FedEx와 UPS 같은 유통회사들 또한

preparing to meet this challenge
이 도전에 대처하기 위해

by expanding their temperature-controlled supply chain.
온도 조절 공급망을 확대하고 있습니다.

This includes specialized warehouses, trucks and aircrafts
여기에는 특수 창고 빌트인 냉동고와 모니터링 장비를 갖춘

with built-in freezers and monitoring devices to ensure vaccines are stored
트럭과 비행선이 포함되는데 백신이 필요한 온도에서

⏱ 0:06:31 ~ 0:06:34

25

and transported **at the required temperatures.**
저장, 운반되도록 돕습니다.

어휘

transport [trænspɔ́ːrt]   동 운반하다, 이동하다

ex) Trains transport the coal to the ports.   기차들이 석탄을 항구로 운반한다.

0:06:34
~ 0:06:47

In August, UPS invested in 600 freezer farms

8월, UPS는 미국과 네덜란드에서 600개의

in the United States and the Netherlands.

냉동 농장에 투자했습니다.

Most of the Covid-19 vaccine candidates must be stored

코로나19 백신 후보 대부분의 저장 환경은

at cold and specific temperatures, or they will spoil.

낮고 특정한 온도이며 그 외엔 상하고 맙니다.

🕐 0:06:47 ~ 0:06:52

26

Q. 다음 빈칸에 들어갈 알맞은 어휘를 써보세요.

쓰기

예를 들어, 모더나의 백신은 섭씨 –20도의 온도를 요구합니다.

For example, Moderna's vaccine _____ a temperature of –20 degrees Celsius

숙어로 for example은 '예를 들면'의 뜻입니다. 정답) requires

0:06:52
~ 0:07:02

while Pfizer's vaccine must be stored at –70 degrees Celsius.

화이자의 백신은 반드시 섭씨 -70도에 저장되어야 합니다.

In fact, a World Health Organization study found that more than 50% of vaccines

사실, 세계보건기구의 연구는 50% 이상의 백신이

🕐 0:07:02 ~ 0:07:07

27

are wasted through expiry, decay or leakages, among other issues.

유통기한 만료, 부패, 누출 및 여러 이유들로 폐기된다는 걸 밝혀냈죠.

어휘

expiry [ikspáiəri]   명 만료, 만기

ex) What is the expiry date on your library book? 도서관 책 반납일이 언제야?

∴ Subtitles ∴

0:07:10
~ 0:07:19

According to the World Health Organization's global vaccine plan

세계보건기구의 글로벌 백신 계획

known as COVAX,

COVAX에 따르면

the Covid-19 vaccine should be distributed first to healthcare workers,

코로나19 백신은 의료진에 우선적으로 배포되어야 합니다.

202

0:07:10
~ 0:07:19

followed by the most vulnerable 20% of the population in participating countries.

그다음 각국의 가장 취약한 20%가 제공받게 됩니다.

Amid concerns over "vaccine nationalism" by richer nations,

부유한 국가들의 "백신 민족주의"에 대한 우려도 있습니다.

a situation where countries prioritize their citizens first,

각국이 자국민에게 우선권을 부여하는 상황이죠.

several world leaders have signed an open letter

몇몇 세계 지도자들은 공개서한에 서명하며

calling for a "people's vaccine",

인류의 백신을 요구합니다.

⏱ 0:07:36 ~ 0:07:40

28

demanding that it should be free of charge and available to all.

무료로 모든 사람에게 제공되어야 한다는 주장이죠.

어휘

available [əvéiləbl]   ⑱ 이용 가능한, 시간이 있는

(ex) I'm afraid he is not available at the moment.
죄송하지만 지금 자리에 안 계십니다.

0:07:40
~ 0:07:53

Mistrust of vaccines is another hurdle in the distribution process.

백신에 대한 불신은 유통 과정의 또 다른 장애물입니다.

In France, 1 in 3 people disagree that vaccines are safe,

프랑스에서는, 3명 중 1명이 백신이 안전하다는 것에 동의하지 않습니다.

while only 50%of the Ukrainian public agree that vaccines are effective.

우크라이나에서도 국민의 50%만이 백신이 효과적이라는 데 동의합니다.

🕐 0:07:53 ~ 0:07:58

29

4지선다

Q. 다음 빈칸에 들어갈 가장 알맞은 것을 고르세요.

많은 전문가들은 백신을 개발하는 것이 경주가 아니라고 거듭 강조하며

Many _____ have reiterated that developing a vaccine is not a race

(A) experts   (B) amateurs

(C) constructors   (D) painters

정답 (A)

and decisions must be backed up by data.

의사결정은 반드시 데이터를 기반으로 이뤄져야 한다고 했습니다.

⏱ 0:08:02 ~ 0:08:07

30

The last time the US government tried to create a vaccine at "warp speed" in 1976,

미국 정부가 1976년에 백신을 초고속으로 개발하려고 했던 마지막 때는

표현

The last time the US government tried to~

미국 정부가 ~하려고 했던 마지막 때는

ex) The last time the US government tried to accelerate a vaccine program was last March.
미국 정부가 백신 프로그램을 가속화하려고 했던 마지막 때는 지난 3월이었다.
The last time the US government tried to prohibit the sale of grain to India was last month.
미국 정부가 인도에 곡물 판매 금지하려고 했던 마지막 때는 지난달이었습니다.

뭔가를 마지막으로 했던 때를 언급할 때 the last time을 활용해서 말합니다. 즉 The last time the US government tried to~처럼 표현하면 '미국 정부가 ~하려고 했던 마지막 때는'의 뜻이 되는 거예요.

The perils of developing a vaccine at warp speed　**205**

it ended in a fiasco.

완전히 실패로 끝났습니다.

The vaccine against a new strain of the swine flu virus

신종플루 바이러스에 대한 백신 개발은

was developed in under a year,

1년도 걸리지 않았죠.

⏱ 0:08:14 ~ 0:08:20

31

but it led to roughly 450 cases of a rare neurological disorder.

그러나 그것은 대략 450명의 신경 장애 환자들을 발생시켰습니다.

어휘

roughly [rʌfli]   ⓟ 대략적으로, 대략

ₑₓ) Roughly speaking   어림잡아서

0:08:20
~ 0:08:37

By the time the vaccination program was aborted,

예방접종 프로그램이 중단될 시점에는

some 45 million out of some 200 million Americans had been inoculated.

이미 2억 명의 미국인 중 약 4천 5백만 명이 예방접종을 했습니다.

The long shadow of the tainted polio vaccine in 1955

1955년, 오염된 소아마비 백신의 기나긴 그림자와

and the botched vaccination program in 1976 still lingers today.

1976년 백신 프로그램의 실패는 오늘날에도 여전히 남아있습니다.

⏱ 0:08:37 ~ 0:08:41

32

Q. 다음 단어를 우리말 의미에 맞게 알맞은 순서로 배열하세요.

어순배열

정부와 단체들은 새로운 백신 개발을 위해 경쟁하고 있습니다.

to develop a new vaccine / as governments and organizations / are now racing

---

등위접속사로 governments와 organizations이 연결되었으므로 동사는 are처럼 복수형이 됩니다.

33

finding that delicate balance between safety, speed, and trust

안전, 속도, 신뢰의 미묘한 균형을 찾는 것이

delicate [délikət]   형 민감한, 미묘한, 섬세한

ex) The negotiations are at a very delicate stage.
협상들이 매우 민감한 상태이다.

is key in preventing future pandemics,

미래의 팬데믹을 막는 열쇠임을 깨닫고 있죠.

including the greatest crisis of our generation.

우리 세대의 가장 큰 위기도 거기 포함됩니다.

Thank you so much for watching the video!

시청해주셔서 대단히 감사합니다!

34

What do you guys think about the vaccine? Are you itching to take it?

여러분은 백신에 대해 어떻게 생각하나요? 백신을 맞고 싶으신가요?

표현

What do you guys think about~?

여러분은 ~에 대해 어떻게 생각하세요?

ex) **What do you guys think about living alone?**
여러분은 혼자 사는 것 어떻게 생각해요?
What do you guys think about this vaccine?
여러분은 이 백신에 대해 어떻게 생각하나요?

> 상대방의 생각이나 의견을 듣고 싶어 묻는 패턴이 What do you guys think about~?입니다. 숙어로 think about은 '~에 대해 곰곰이 생각하다'로 '여러분은 ~에 대해 어떻게 생각하세요?'의 뜻이 되는 거죠.

∴ Subtitles ∴

0:08:56
~ 0:09:04

Are you confident? Are you nervous?

자신 있으신가요? 불안하세요?

Comment below and don't forget to subscribe!

아래에 댓글 남겨주시고 구독도 잊지 마세요!

The perils of developing a vaccine at warp speed　**209**

MEMO

07

What is ByteDance

Its apps have threatened the dominance of Facebook and Instagram.

이 회사의 앱은 페이스북과 인스타그램의 장악력을 위협하고 있습니다.

It has even been touted as a rival to news sites such as Buzzfeed.

심지어 버즈피드와 같은 뉴스 사이트들의 라이벌로 선전되어 왔죠.

ByteDance is arguably one of the biggest app companies in the world.

바이트댄스는 틀림없이 세계에서 가장 큰 앱 회사 중 하나입니다.

Valued at over $100 billion dollars,

1,000억 달러 이상의 가치로 평가받으며

ByteDance is also one of the most valuable tech start-ups.

바이트댄스는 또한 가장 가치 있는 기술 신생 기업 중 하나입니다.

It was only in recent years that the company made headlines for its apps

최근 몇 년 사이 이 회사는 앱으로 헤드라인을 장식했습니다.

such as Toutiao, and its most popular product TikTok.

예를 들어 토우탸오 그리고 가장 인기 있는 제품 틱톡이 있죠.

But now the company is finding itself in the crosshairs of Washington

그러나 지금 이 회사는 미국과 중국의 지정학적 긴장이 고조되는 가운데

0:00:33
~ 0:00:43

amid rising geopolitical tensions between the US and China.

워싱턴에 정조준 당하고 있음을 깨닫고 있습니다.

CNBC EXPLAINS What is ByteDance?

CNBC가 설명해드립니다 바이트댄스는 무엇일까요?

⏱ 0:00:43 ~ 0:00:47

01

쓰기

Q. 다음 빈칸에 들어갈 알맞은 어휘를 써보세요.

중국 기술 회사들은 최근 몇 년 동안 세계적으로 확장해 왔습니다.

Chinese tech companies have been _____ globally in recent years

동사로 expand는 '확장하다' 또는 '확대하다'입니다. 정답) expanding

⏱ 0:00:47 ~ 0:00:50

02

어휘

and ByteDance is no exception.

바이트댄스도 예외는 아니었죠.

exception [iksépʃən]   몡 예외, 이의, 제외

ex) There is no exception.   예외는 없습니다.

However, its path to prominence has been unique,

하지만 그 명성을 얻는 길은 독특했습니다.

considering the Chinese behemoth was only founded in 2012

이 괴물 같은 중국 회사는 2012년에 설립되었고

by tech entrepreneur Zhang Yiming, who was then 29.

설립자는 당시 29세였던 IT 기업가 장 이밍이었습니다.

Casting himself as a tech maverick,

그 자신을 기술 독불장군으로 내세우며

Zhang launched ByteDance in 2012 without taking a single cent from

장은 2012년에 바이트댄스를 시작했는데 바이두, 알리바바, 텐센트

the Chinese trinity of Baidu, Alibaba and Tencent,

일명 중국 삼대장의 도움을 일절 받지 않았습니다.

🕐 0:01:13 ~ 0:01:19

03

while becoming embroiled in lawsuits against his domestic rivals in the process.

설립 과정에서 국내 경쟁사들과의 소송에 휘말려 들면서도 말이죠.

어휘

process [práses]　　　　명 과정, 처리

ex) The reorganization process will take a lot of time.
조직개편 과정은 시간이 많이 걸릴 것이다.

0:01:19
~ 0:01:38

Its first of many apps, Neihan Duanzi, was a platform

수많은 앱 중 첫 번째인 네이한 두안지라는 플랫폼은

for jokes in the form of memes and short videos,

짤과 짧은 동영상 형식의 농담에 사용됩니다.

boasting 30 million users at one point.

한때 3천만 명의 사용자를 자랑했죠.

However, its flagship app was Toutiao,

하지만 이 회사의 주요 앱은 토우탸오였습니다.

an algorithm-based news aggregator app powered by artificial intelligence.

인공지능을 엔진으로 한 알고리즘 기반의 뉴스 제공 앱이죠

⏱ 0:01:38 ~ 0:01:40

04

By using machine learning,

기계 학습을 이용함으로써

표현

By -ing~

~함으로써

ex) I executed the contract by signing it a couple of days ago.
난 며칠 전에 서명함으로써 계약을 맺었다.
By using this website, our productivity has been improved dramatically.
이 웹사이트를 이용함으로써, 우리 생산성이 급격히 향상되었다.

수단이나 방법을 나타낼 때 전치사 by를 사용합니다. 즉 By –ing는 '~함으로써'의 뜻으로 쓰입니다.

05

the app generates a personalized content feed catered to each user.

이 앱은 각 사용자에게 제공되는 개인화된 콘텐츠 피드를 생성합니다.

어휘

generate [dʒénərèit]   동 생성하다, 창출하다

(ex) Our discussion generated a lot of new and useful ideas.
우리 토론은 많은 새롭고 유용한 생각들을 창출해냈다.

∴ Subtitles ∴

0:01:45
~ 0:01:57

Barely one year after its founding,

설립한 지 겨우 1년이 지났을 때

Zhang, who was a former Microsoft employee,

전 마이크로소프트 사원이었던 장은

trained his sights on the global stage

세계 무대에서 그의 목표를 훈련하며

to compete with the likes of Google and Facebook.

구글과 페이스북과 같은 회사와의 경쟁을 준비합니다.

06

Q. 다음 빈칸에 들어갈 알맞은 어휘를 써보세요.

더우인은 15초 길이의 짧은 영상에 특화된 앱으로

Douyin, an app _____ to short videos typically lasting for 15 seconds,

부사 typically는 '전형적으로', '일반적으로'의 뜻입니다. 정답) tailored

0:02:02
~ 0:02:14

followed four years later, capturing the domestic Chinese market by storm.

4년 후, 중국 국내 시장을 사로잡았습니다.

If that sounds familiar,

뭔가 친숙하게 들리실 텐데

that's because ByteDance managed to replicate its success in Douyin

바이트댄스가 더우인의 성공 사례를 재연해

07

with an international **version: TikTok.**

국제 버전으로 내놓은 것이 바로 틱톡입니다.

어휘

international [ìntərnǽʃənəl]   형 국제적인

(ex) David is an international movie star.   데이비드는 국제적인 영화 스타이다.

∴ Subtitles ∴

0:02:17
~ 0:02:41

In 2017, ByteDance acquired Chinese social media network Musical.ly,

2017년, 바이트댄스는 중국 소셜 미디어 네트워크 뮤지컬리를 인수했습니다.

which was wildly popular in the US and Europe,

미국과 유럽에서 널리 인기를 누리던

and merged the lip-sync app with Tiktok

이 립싱크 앱을 틱톡과 병합했죠.

allowing it to capture a sizeable international market.

이를 통해 상당한 규모의 세계 시장을 확보할 수 있습니다.

By 2020, TikTok boasted 100 million users in the US alone

2020년까지 틱톡은 미국에서만 1억 명의 사용자를 자랑했고

with over 2 billion downloads worldwide.

전 세계적으로 20억 건이 넘는 다운로드 수를 기록했습니다.

08

Other notable apps in the ByteDance stable include Helo,

주목할 만한 바이트댄스의 다른 앱들은 유선 헬로가 있습니다.

어휘

notable [nóutəbl]   형 주목할 만한, 뛰어난

ex) This city is notable for its pleasant climate.
이 도시는 좋은 기후로 주목을 받고 있다.

∴ Subtitles ∴

0:02:45
~ 0:02:52

a social-media app catered to the Indian market,

인도 시장을 공략한 소셜 미디어 앱이죠.

and BaBe, a news aggregator app in Indonesia.

인도네시아의 뉴스 제공 앱인 바비도 있습니다.

09

Q. 다음 단어를 우리말 의미에 맞게 알맞은 순서로 배열하세요.

어순배열

이러한 앱들은 2019년에 약 29억 달러의 수익을 올렸는데

these apps / in profits in 2019 / generated about $2.9 billion

연도 앞에는 전치사 in이 나옵니다. 즉 in 2019는 '2019년에'라는 뜻이죠.

0:02:59
~ 0:03:03

with the bulk of its revenue coming from advertisements.

광고 수입이 대부분을 차지합니다.

⏱ 0:03:03 ~ 0:03:06

10

But why are ByteDance's apps so popular?

그런데 왜 바이트댄스의 앱은 인기가 있을까요?

표현

Why are ~ so popular?

왜 ~이 그렇게 인기가 있을까요?

ex) Why are these products so popular?
왜 이 제품들이 대단히 인기 있는 거죠?
Why are these earrings so popular with young ladies?
왜 이 귀걸이들이 젊은 여성들에게 그토록 인기가 있을까요?

어떤 이유 때문에 그렇게 인기가 많은 건지 궁금할 때 Why are ~ so popular? 패턴을 활용할 수 있습니다. 형용사 popular는 '인기 있는'이므로 '왜 ~이 그렇게 인기가 있을까요?'의 뜻이 되죠.

⏱ 0:03:06 ~ 0:03:10

11

For one, the company's strength lies in artificial intelligence.

첫째로 이 회사의 강점은 인공지능에 있습니다.

어휘

strength [streŋθ]   명 강점, 힘

ex) He didn't have the strength to get up.
그는 일어날 힘이 없었다.

From video streaming apps to news services,

영상 스트리밍 앱에서 뉴스 서비스에 이르기까지

ByteDance leverages on artificial intelligence

바이트댄스는 인공지능을 활용하여

to draw users to its apps and get them hooked.

사용자를 그들의 앱으로 유인합니다.

During the 2016 Olympics,

2016년 올림픽 기간에

ByteDance co-created an AI writing bot

바이트댄스는 AI 쓰기 봇을 공동 제작했습니다.

that wrote hundreds of short articles for Toutiao.

토우탸오에 수백 개의 짧은 글을 쓴 봇이죠.

One such article, which had 50,000 views,

5만 조회수를 기록한 기사도 있었는데

was published just two minutes after an event had ended.

행사가 끝난 지 2분 만에 공개된 글이었죠.

The bot, which has more than 150,000 followers on social media,

이 봇은 소셜 미디어에 15만 명 이상의 팔로워가 있고

0:03:42
~ 0:03:50

has since written over 600,000 articles.

지금까지 60만 건이 넘는 기사를 썼습니다.

It is the same AI that powers TikTok,

동일한 AI가 틱톡을 관장하며

⏱ 0:03:50 ~ 0:03:54

12 tapping on information such as location data and viewing habits

위치 데이터와 조회 습관과 같은 정보를 수집해

어휘

location [loukéiʃən]   명 위치, 지역, 야외 촬영

ex) Most of the film was shot on location in New York.
대부분의 영화가 뉴욕에서 야외 촬영되었다.

0:03:54
~ 0:03:58

to create personalized feeds that are addictive.

중독성 있는 개인화된 피드를 생성합니다.

13

Q. 다음 단어를 우리말 의미에 맞게 알맞은 순서로 배열하세요.

2019년, 틱톡은 세계에서 6번째로 많이 사용되는 앱이었고

in 2019 / app worldwide / TikTok was the 6th most actively used

---

부사 actively는 바로 뒤에 나온 used를 꾸며주는 역할을 합니다.

0:04:03
~ 0:04:19

with its users spending 68 billion hours on the platform.

사용자들은 이 플랫폼에서 680억 시간을 보냈습니다.

As the company's fortune rose, so did the scrutiny of its products,

회사의 재산이 증가함에 따라 제품에 대한 정밀 조사도 함께 이루어졌는데

amid growing concerns about its Chinese ownership

중국인 운영자에 대한 우려와

and the privacy of its users' data.

사용자 개인 정보 보호가 관건이었죠.

14

In August, US President Donald Trump issued executive orders

8월, 미국 대통령 도널드 트럼프는 행정명령을 발동해

어휘

order [ɔ́ːrdər]   명 명령, 질서, 순서

ₑₓ) I didn't follow his order.   난 그의 명령을 따르지 않았다.

∴ Subtitles ∴

0:04:24 ~ 0:04:47

requiring TikTok to shut down in the US

미국에서 틱톡 서비스를 종료하도록 권고했고

or find new owners within 90 days, citing national security concerns.

대안으로 국가 안보에 대한 우려를 표하며 90일 이내에 경영진 교체를 명령했습니다.

Despite attempts by TikTok to localize as it expanded,

틱톡의 사업 확장에 따른 현지화의 일환으로

such as hiring more senior American executives and tripling its US employees

더 많은 미국 고위 간부들을 고용하고 미국인 고용률을 3배로 늘렸는데

from 300 to over 1,000 in a span of 12 months,

12개월 동안 300명에서 1,000명 이상까지 증가했죠.

15

these moves came to naught.
하지만 모두 수포로 돌아갔습니다.

스피킹

These moves came to naught.
모두 수포로 돌아갔습니다.

> 모든 조치가 다 수포로 돌아갔다고 할 때 come to naught(무효로 끝나다)를 사용해서 These moves came to naught.처럼 표현합니다. 여기서 명사 move는 '조치', '수단'이라는 뜻이죠. 전체 문장을 '디이ㅈ 무브ㅈ 케임 투 너엇ㅌ'처럼 발음하면 됩니다.

∴ Subtitles ∴

0:04:49
~ 0:04:54

But the misgivings with ByteDance go beyond TikTok or US-China relations.
하지만 바이트댄스에 대한 우려는 틱톡이나 미중 관계를 넘어섭니다.

16

In November 2019, American teenager Feroza Aziz was locked out of her TikTok account
2019년 11월, 미국의 10대 청소년 페로자 아지즈는 틱톡 계정을 차단당했는데

어휘

account [əkáunt]　　　　　명 계정, 계좌, 회계

ex) What do I need to open a bank account online?
　　온라인으로 은행 계좌를 개설하려면 무엇이 필요하죠?

0:05:01
~ 0:05:16

after she uploaded a video condemning the Chinese government's treatment of

그녀가 중국 정부의 자국 내 소수 민족인 위구르 무슬림 탄압에 대한

Uighur Muslims, an ethnic minority group in the country.

비난 영상을 올린 후의 일이었습니다.

TikTok later issued a public apology and lifted the suspension of Aziz's account

틱톡은 이후 공식 사과문을 발표하고 아지즈의 계정 정지를 해제했지만

⏱ 0:05:16 ~ 0:05:19

17

although **it denied claims of censorship.**

검열 의혹은 부인했습니다.

표현

Although~

비록 ~이지만, ~임에도 불구하고

ex) The price increase will certainly be unpopular although it's unlikely to reduce demand.
비록 수요를 줄이지 못할 것 같지만 가격 인상은 확실히 인기를 얻지 못할 것이다.
Although it was snowing, I decided to go camping.
비록 눈이 내리고 있었지만, 난 캠핑하기로 결정했다.

양보의 뜻을 갖는 부사절 접속사로 although는 '비록 ~이지만', '~임에도 불구하고'의 뜻으로 뒤에 '주어+동사'의 절의 구조를 취합니다.

226

0:05:19
~ 0:05:27

ByteDance has also been accused of

인도네시아 뉴스 앱 바비에서도

deleting articles critical of Chinese authorities on BaBe,

바이트댄스는 중국 당국에 비판적인 기사들을 삭제했다는

its Indonesian news app.

의혹을 받아왔습니다.

🕐 0:05:27 ~ 0:05:30

18

Content deemed sensitive **to the Chinese government,**

중국 당국에 민감한 콘텐츠로 간주되는

어휘

sensitive [sénsətiv]   형 민감한, 섬세한

ex) He avoided asking questions on sensitive issues.
그는 민감한 문제에 대해서는 질문을 회피했다.

such as the Hong Kong protests, and the Tianenmen Square incident,

홍콩 시위, 천안문 광장 사건이라든가

or the lack thereof, have cast a spotlight on ByteDance's alleged ties

또는 그것들의 부족은 바이트댄스와 중국 공산당의 협력 관계에 대한

to the Chinese Communist Party.

의혹으로 번졌습니다.

This formed the basis of

이것이 바로

a US national security investigation into TikTok and ByteDance,

미국 틱톡과 바이트댄스에 대한 국가 안보 조사의 기반이 되었고

⏱ 0:05:49 ~ 0:05:52

19

and it's part of a wider move to curtail reliance

그것은 중국 기술 및 제품에 대한 의존도를 축소시키려는

어휘

curtail [kə:rtéil]   동 줄이다, 단축하다

ex) I had to curtail my speech when time ran out.
시간이 다 되었을 때 내 연설을 줄여야만 했다.

228

on Chinese technology and products.

더 넓은 의미의 행동입니다.

The rise of Chinese juggernauts has largely mirrored

중국 거대 기업들의 발흥은 세계 무대에서의 중국의 지위를

China's ascendancy on the world stage.

여실히 보여주는 척도입니다.

However, China's fraught relations with other countries, including India,

하지만 중국은 인도를 비롯한 여러 국가와 마찰을 빚고 있고

has largely proven to be stumbling blocks for the international expansion

이런 부분은 중국 내에서 성장한 바이트댄스와는 기술 기업의

of its homegrown tech firms including ByteDance.

국제 무대로의 확장에 큰 걸림돌이 되고 있습니다.

20

Q. 다음 빈칸에 들어갈 가장 알맞은 것을 고르세요.

6월에 인도는 거의 60개의 중국 앱을 금지했습니다.

In June, India _____ nearly 60 Chinese apps,

(A) banned   (B) imported

(C) established   (D) included

정답 (A)

∴ Subtitles ∴

0:06:19
~ 0:06:32

including ByteDance's Helo and TikTok

바이트댄스의 헬로와 틱톡도 포함되죠.

after bilateral relations soured over a border clash.

국경에서의 충돌로 야기된 양국 관계 악화가 원인이었습니다.

With Indian users forming about 30% of the 2 billion TikTok downloads,

틱톡의 20억 다운로드 중 인도 사용자가 30%를 차지하니

21

the potential ban could result **in a loss of more than $6 billion for ByteDance.**

잠재적인 금지 조치는 바이트댄스에 60억 달러 이상의 손실을 초래할 수 있습니다.

어휘

result [rɪzʌlt]   동 생기다, 유래하다

ex) There was a fire that resulted in the death of three children.
세 어린이의 죽음을 초래했던 화제가 있었다.

∴ Subtitles ∴

0:06:38
~ 0:06:39

Besides India,

인도 외에도

22

TikTok is also facing **broader scrutiny in other places such as Turkey,**

틱톡은 또한 다른 국가에서도 더 광범위한 조사를 받고 있습니다.

표현

~is facing

~에 직면하고 있습니다.

ex) Japan is facing consumption slump.
일본은 소비 하락에 직면하고 있다.
We are facing economic stagnation and financial inflation.
우리는 경기 불황과 재정 인플레이션에 직면하고 있습니다.

> 동사 face를 때론 '~에 직면하다'라는 뜻으로도 사용합니다. 그래서 ~is facing처럼 표현
> 하면 '~에 직면하고 있습니다'의 의미가 되죠.

0:06:44
~ 0:07:12

Australia, and the European Union.

터키와 호주, 유럽 연합 등이죠.

Even as ByteDance's woes pile up, the company remains defiant,

바이트댄스의 고민은 늘어만 가지만 회사는 여전히 도전적이죠.

vowing to continue charting its plans for global expansion.

계속해서 국제적 확장 계획을 도표로 작성할 것을 다짐했습니다.

And it is no stranger to regulatory pressure.

규제 압박을 한두 번 당해본 기업이 아니기 때문이죠.

In fact, its first app, Neihan Duanzi,

사실, 그들의 첫 번째 앱 네이한 두안지는

was ordered by Chinese censors to shut down in 2018.

중국 검열에 의해 2018년 중지 명령을 받았습니다.

Toutiao was also temporarily removed from app stores in the same year,

토우탸오도 같은 해에 앱 스토어에서 일시적으로 삭제되었었죠.

⏱ 0:07:12 ~ 0:07:16

23

but the company emerged relatively unscathed.

그러나 이 회사는 비교적 건재했습니다.

어휘

relatively [rélətivli]	᠍ 상대적으로, 비교적으로
ex) This car is relatively cheap to run.	이 차는 몰기엔 비교적으로 저렴하다.

24

Q. 다음 빈칸에 들어갈 가장 알맞은 것을 고르세요.

이번에는 바이트댄스가 곤경에 처했습니다.

This time, ByteDance is caught _____ a rock and a hard place.

(A) either

(B) all

(C) between

(D) neither

정답 (C)

0:07:20
~ 0:07:32

with Chinese nationalists branding the company as a 'traitor'

중국 민족주의자들은 그들을 미국의 요구에 굴복한

for yielding to US demands,

배신자라고 비난합니다.

while foreign governments remain wary of its alleged ties to Beijing.

반면 외국 정부들은 베이징과의 연계를 여전히 경계하고 있습니다.

25

So what's **next for ByteDance**?

이제 바이트댄스의 다음 목표는 무엇일까요?

What's~?

~이 무엇이에요?

ex)
What's the problem?	문제가 뭐야?
What's going on?	무슨 일이 벌어지고 있는 거죠?

의문사 what을 활용하면 다양한 질문들을 만들 수가 있습니다. 예로 What's~?라고 하면 '~이 무엇이에요?'로 be동사 is 다음에 궁금한 사항을 넣어 물어보면 되죠.

0:07:34
~ 0:07:46

The fate of its apps, especially TikTok,

이 회사의 앱들, 특히 틱톡의 운명은

exemplifies the challenges ByteDance is facing after years of growth.

바이트댄스가 수년간의 성장 끝에 직면한 도전을 전적으로 보여줍니다.

Until it can reassure local regulators over concerns about user privacy,

사용자 개인 정보 보호에 대한 지역 규제당국의 우려를 해소하기 전까지는

26

it is likely that ByteDance's plans for global expansion

바이트댄스의 국제적 확장 계획이

어휘

expansion [ikspǽnʃən]   명 확장, 확대

ex) Metals undergo expansion when heated.
금속은 열이 가해질 때 확장된다.

∴ Subtitles ∴

0:07:50
~ 0:08:05

will take a backseat as the scrutiny intensifies.

강도 높은 정밀 조사에 의해 늦춰질 것으로 보입니다.

Hey, guys.

안녕하세요, 여러분

Let us know what you think of the ByteDance and TikTok issue

바이트댄스와 틱톡 문제에 대한 여러분의 생각을

right here in our comments.

댓글창에 남겨주세요

Thanks for watching this video.

영상을 시청해 주셔서 감사합니다.

Subscribe if you haven't already and stay safe.

아직 구독하지 않으셨다면 부탁드리고 안전하게 지내세요.

MEMO

08

Who is leading in renewable energy

0:00:00
~ 0:00:15

All around the world, governments are building more

전 세계적으로 전력 생산을 위해

solar parks, wind farms and hydroelectric power plants to generate power.

여러 정부가 태양열 공원, 풍력발전소 수력발전소 등을 더 많이 건설합니다.

As global warming and climate change continue to take center stage,

지구 온난화와 기후 변화가 계속해서 화두가 되는 가운데

which countries are leading in generating power through renewable energy?

어떤 나라들이 재생 에너지를 통한 발전에서 선두를 달리고 있을까요?

🕐 **0:00:15 ~ 0:00:23**

01

And what are the challenges preventing mass adoption?

그리고 대량 채택에는 어떤 도전 과제가 있을까요?

어휘

adoption [ədɑ́pʃən]   명 채택, 채용, 양자 입양

ex) Children of parents who had died were offered for adoption.
사망한 부모의 자녀들이 입양을 제안 받았다.

0:00:23
~ 0:00:29

In 2018, more than a quarter of the world's energy

2018년에는 전 세계 에너지의 4분의 1 이상이

was generated from renewable sources,

재생 가능한 에너지원에서 생성되었습니다.

⏱ 0:00:29 ~ 0:00:33

02

thanks to **costs coming down and more green policies taking off.**

비용 절감과 친환경 정책 확대 덕분이죠.

표현

Thanks to~

~의 덕택으로

ex) Thanks to you, I had a great time.
당신 덕택에, 정말 즐거운 시간 가졌습니다.
Everything went well, thanks to you.
모든 게 잘됐어요, 당신 덕분이에요.

> 감사를 표현할 때 thanks to~는 '~의 덕택으로'의 뜻으로 사용합니다. 예를 들어 Thanks to you처럼 표현하면 '당신 덕택에'의 의미가 되는 거죠.

⏱ 0:00:33 ~ 0:00:37

03

Renewable **energy can come from many sources.**

재생 에너지의 에너지원은 다양합니다.

어휘

renewable [rinjúːəbl]　　　　　　　　　형 갱신 가능한, 회복할 수 있는

ex) This ticket is renewable after 6 months.
이 표는 6개월 후에 갱신 가능하다.

0:00:37
~ 0:00:47

The most common are solar, wind, geothermal, biomass and hydropower.

가장 흔한 것은 태양열, 풍력 지열, 바이오매스, 수력 발전입니다.

In sunny Singapore, solar power would seem like the natural fit.

양지바른 싱가포르에서는 태양에너지가 딱 맞아 보이는데요.

🕐 0:00:47 ~ 0:00:49

04

Q. 다음 단어를 우리말 의미에 맞게 알맞은 순서로 배열하세요.

어순배열

그렇다면 무엇이 그것의 대량 채택을 막고 있는 것일까요?

so / its mass adoption / what's preventing

_____

현재 진행형은 be동사 다음에 나오는 일반 동사에 ing를 붙여 be -ing의 형태를 가집니다.

0:00:49
~ 0:00:59

Well, it's not that straightforward.

글쎄요, 이건 그리 간단하지 않습니다.

For one, the unpredictable cloud cover over the tiny city-state.

우선, 예측할 수 없는 구름이 이 작은 도시 국가를 덮을 수 있죠.

240

05

And not all countries have the same potential to harness clean energy

그리고 모든 나라가 청정에너지를 이용할 수 있는 동일한 잠재력이나

어휘

potential [pəténʃəl]　　명 잠재력, 가능성

ex) He was told he had great potential as a dancer.
그는 댄서로 훌륭한 잠재력이 있다고 들었다.

∴ Subtitles ∴

0:01:02
~ 0:01:05

or the right environment for certain energy infrastructure.

또는 특정 에너지 기반 설비에 적절한 환경을 갖고 있진 않습니다.

06

Let's take a look at who's leading the energy revolution.

누가 에너지 혁명을 이끌고 있는지 살펴보도록 하죠.

표현

Let's take a look at~

~을 살펴보도록 하죠.

ex) Let's take a look at what's happening now.
지금 무슨 일이 벌어지고 있는지 살펴보도록 하죠.
Let's take a look at it.　　　　한번 봅시다.

> 좋은 생각이 있으면 누군가에게 함께 하자고 제안하게 되는데요, let's를 활용해서 Let's take a look at~처럼 말하면 '~을 살펴보도록 하죠'로 take a look at은 '~을 보다'입니다.

0:01:09
~ 0:01:30

China, the United States, Brazil, India and Germany have the biggest

전 세계적으로 중국, 미국 브라질, 인도, 독일이 최대 규모의

renewable power capacity worldwide, in no small part due to their size.

재생 전력 용량을 자랑하는데 그들의 크기가 한몫합니다.

Remove hydropower from the mix and Germany moves up to number three

여러 항목에서 수력을 제거하면 독일이 3위로 올라가고

and Japan takes the number five spot.

일본이 5위를 차지합니다.

But it's no coincidence that these six countries

하지만 이 6개국이 세계에서 가장 큰

🕐 0:01:30 ~ 0:01:33

07

also make the list of the world's biggest energy consumers,

에너지 소비국 순위에 드는 것은 우연이 아닙니다.

어휘

consumer [kənsúːmər]   명 고객, 소비자

ex) He is one of our regular customers.   그는 우리 단골손님 중에 한분입니다.

242

0:01:33
~ 0:01:50

meaning that even if they were producing renewable energy at capacity,

즉, 그들이 용량에 맞게 재생 에너지를 생산하고 있다 해도

it still makes up a small proportion of their overall energy mix.

그것은 여전히 전체 에너지 총합의 작은 부분을 차지합니다.

Divide renewable power capacity by the number of people living in the country,

재생 가능한 전력 용량을 해당 국가에 거주하는 인구수로 나누면

and you get a very different mix of countries.

매우 다른 나라들의 조합이 됩니다.

⏱ 0:01:50 ~ 0:01:54

08

Q. 다음 빈칸에 들어갈 가장 알맞은 것을 고르세요.

4지선다

아이슬란드가 세계 정상이며 덴마크가 그 뒤를 잇죠.

Iceland is the world leader, _____ by Denmark.

(A) cancelled   (B) followed

(C) covered   (D) divided

정답 (B)

Germany and Sweden are tied in the third spot.

독일과 스웨덴은 공동 3위입니다.

And Finland rounds out the top five.

그리고 핀란드가 5위 안에 들게 되죠.

But the most telling metric is likely the role of renewables

그러나 가장 두드러진 지표는 한 나라의 전반적인 에너지 조합에서

in a country's overall energy mix.

재생 에너지의 역할일 것입니다.

Nordic and Latin American countries have a good showing on this list.

북유럽과 라틴 아메리카의 국가들은 이 목록에서 좋은 성적을 거두고 있습니다.

More than 75% of Norway New Zealand, Brazil and Colombia's

노르웨이, 뉴질랜드, 브라질 및 콜롬비아의 에너지 생산량

energy production comes from renewables.

75% 이상이 재생 에너지에서 나옵니다.

Venezuela, Canada, Sweden and Portugal also make a good showing.

베네수엘라, 캐나다, 스웨덴 그리고 포르투갈도 좋은 성적을 내고 있죠.

But for big oil producing nations like Saudi Arabia, Kuwait, the U.A.E and Algeria,

그러나 사우디아라비아, 쿠웨이트 UAE, 알제리 같은 거대 산유국에는

09

renewables are unsurprisingly near non-existent.

예상할 수 있듯 재생 에너지가 거의 전무합니다.

unsurprisingly [ənsərpraiziŋli]   부 예상대로, 놀랍지 않게도

ex) Unsurprisingly, they were disappointed at the result of the trial.
예상대로, 그들은 재판 결과에 실망했다.

∴ Subtitles ∴

0:02:35
~ 0:02:54

But again, not all countries have equal geographies and policies.

그러나 모든 나라가 동일한 지리적 특성과 정책을 가진 것은 아니죠.

Think of renewable energy as something bespoke,

재생 에너지는 일종의 맞춤형 상품으로 봐야 합니다.

with each country harnessing the environment according to its unique surroundings.

각국의 독특한 주변 환경을 활용하는 것이죠.

Norway has 1,660 hydropower plants and more than 1,000 storage reservoirs.

노르웨이는 1,660개의 수력발전소와 1,000개 이상의 저수지를 보유하고 있습니다.

10

It is possible for **Norway to depend on hydropower**

노르웨이는 수력에 의존하는 것이 가능합니다.

It is possible for A to~

A가 ~하는 것은 가능합니다

ex) It is possible for Korea to take full advantage of its ties with Japan.
한국이 일본과의 관계를 충분히 활용하는 게 가능하다.
It is possible for us to handle your request.
우리가 당신 요청을 처리하는 게 가능합니다.

누군가가 어떤 것을 하는 게 가능하다고 할 때 사용하는 패턴이 It is possible for A to~
입니다. 여기서 A는 to부정사의 의미상 주어 역할을 하죠. 의미는 'A가 ~하는 것은 가능
합니다'에요.

0:02:57
~ 0:03:03

because of the country's long coastlines,

이 나라의 긴 해안선과

steep valleys and high levels of running water.

가파른 계곡 및 유수의 높이 덕분이죠.

11

쓰기

Q. 다음 빈칸에 들어갈 알맞은 어휘를 써보세요.

숲이 국토 면적의 63%를 차지하고 있는 옆 나라 스웨덴에선

In neighboring Sweden, where forests _____ 63% of its land mass,

숙어로 make up은 '차지하다', '구성하다', '화장하다'라는 뜻입니다. 정답) make up

∴ Subtitles ∴

0:03:08
~ 0:03:14

bioenergy is increasingly being used for heating,

바이오에너지가 전기 생산뿐 아니라

as well as for electricity production.

난방에도 사용량이 크게 증가하고 있습니다.

0:03:14 ~ 0:03:21

12

어휘

11% of its electricity is also derived from around 3,600 wind turbines.

또한 전력의 11%는 약 3,600개의 풍력 터빈에서 얻어집니다.

derive [diráiv]   동 유래하다, 나오다, 기인하다

ex) This word is derived from Latin.   이 단어는 라틴어에서 유래되었다.

Likewise in Brazil,

마찬가지로 브라질에도

which has rivers and huge swathes of the Amazon rainforest within its borders.

아마존 열대우림의 강과 거대한 숲이 국경 안에 있습니다.

Clean energy, including hydropower,

수력을 포함한 청정에너지는

accounted for 42% of its electricity production in 2017.

2017년 전력 생산량의 42%를 차지했습니다.

Ditto for Colombia and Venezuela, countries known for hydroelectricity.

콜롬비아와 베네수엘라 역시 수력 발전으로 유명한 나라들이죠.

One of the famous cautionary tales about

한 형태의 재생 에너지 과의존에 관한

over-reliance on one form of renewable energy comes from Venezuela,

유명한 경고 이야기는 베네수엘라에서 찾을 수 있습니다.

13

which depends heavily on the Guri dam for about 60% of the country's electrical needs.

이 나라는 국가 전력 수요의 60%를 구리 댐에 크게 의존하고 있죠.

heavily [hévili]   부 상당히, 크게

ex) This case will depend heavily on circumstantial evidence.
이 사건은 정황 증거에 크게 의존할 것이다.

∴ Subtitles ∴

In 2010 and 2016,
2010년과 2016년에

droughts caused the dam's water to fall so low,
가뭄으로 인해 댐의 수위가 너무 낮아지자

the government had to declare emergencies.
정부는 비상사태를 선포해야 했습니다.

So where does the energy race go from here?
그렇다면 이 에너지 경주는 어디로 향할까요?

Well, an increasing number of countries are recognizing
점점 더 많은 나라들이 기후 변화를

the urgent need to tackle, or slow down climate change.
시급히 멈추거나 늦춰야 할 필요성을 깨닫고 있습니다.

0:03:53
~ 0:04:10

Investing in renewable energy is one of the major steps.

재생 에너지 투자는 그 주요 단계 중 하나이죠.

From the Kyoto Protocol to the Paris Agreement,

교토 의정서에서 파리 협정에 이르기까지

an increasing number of signatories are joining

점점 더 많은 이들이

🕐 0:04:20 ~ 0:04:26

14

international environmental agreements **to lower emissions of greenhouse gases.**

온실가스 배출량을 낮추기 위한 국제 환경 협약에 서명하고 있습니다.

어휘

agreement [əgríːmənt]　　　　명 합의, 동의

(ex) We finally reached an agreement.　우리는 마침내 합의에 도달했다.

0:04:26
~ 0:04:35

The Paris Agreement brought together 195 nations

파리 협정은 2015년 기후 변화에 대처하기 위해

to tackle climate change in 2015, though it has had a few setbacks since.

195개국을 한자리에 모았습니다 비록 이후로 몇 번의 좌절이 있긴 했죠.

15

쓰기

Q. 다음 빈칸에 들어갈 알맞은 어휘를 써보세요.

미국은 파리 기후 협정에서 탈퇴할 것입니다.

The United States will _____ from the Paris Climate Accord.

숙어로 withdraw from은 '~에서 철수하다'입니다. 정답) withdraw

∴ Subtitles ∴

0:04:43
~ 0:04:48

So we're getting out.

우리는 이제 하차합니다.

But we will start to negotiate,

하지만 우리는 협상을 시작할 것이고

16

and we will see if we can **make a deal that's fair.**

공정한 거래를 할 수 있을지 지켜볼 것입니다.

표현

We will see if we can~

우리가 ~할 수 있을지 지켜볼 거예요

ex) We will see if we can help you.
우리가 당신을 도울 수 있을지 지켜볼게요.
We will see if we can do something for you.
당신을 위해 우리가 뭔가 할 수 있을지 볼게요.

자신들이 뭔가를 할 수 있는지 시간을 두고 지켜보겠다고 할 때 We will see if we can~ 패턴을 사용합니다. 즉 '우리가 ~할 수 있을지 지켜볼 거예요'로 동사 see는 '알아보다', '확인하다'의 뜻입니다.

∴ Subtitles ∴

0:04:51 ~ 0:05:03

Other targets include

다른 대상에는

the UN Sustainable Development Goal for Affordable and Clean Energy,

UN의 경제적 청정에너지를 위한 지속가능성 개발 목표가 있는데

which includes increasing the share of renewable energy

2030년까지 전 세계 종합 에너지에서 재생 에너지 비율을

in the global energy mix by 2030.

증가시키는 것을 포함합니다.

0:05:03
~ 0:05:24

In the meantime, countries have set unilateral targets as well.

한편, 국가들은 일방적인 목표도 설정했습니다.

More than 60 countries are

60개 이상의 국가들이

planning to bring their carbon footprint to zero by 2050,

2050년까지 탄소 발자국을 0으로 만들 계획을 하고 있고

with the European Union aiming to become the first climate neutral economy.

유럽 연합은 제1기후 중립국을 목표로 하고 있습니다.

But most renewable energy sources are still subject to

그러나 대부분의 재생 에너지원은 여전히 예측 불가능한 자연의 힘에

unpredictable forces of nature.

노출되어 있습니다.

⏱ 0:05:24 ~ 0:05:27

17

Imagine a drought rendering a dam useless

가뭄이 댐을 쓸모없게 만들고

어휘

useless [júːslis]   형 쓸모없는, 무익한

ex) These scissors are completely useless.   이 가위는 완전 쓸모가 없다.

0:05:27
~ 0:05:34

and taking out a country's sole electricity supply.

한 나라의 유일한 전기 공급을 중단한다고 상상해 보세요.

Or intermittent energy from wind or solar sources. What then?

아니면 바람의 간헐적인 에너지나 태양 에너지를요, 그다음은 뭘까요?

⏱ 0:05:34 ~ 0:05:37

18

That's where innovation and new technologies kick in.

혁신과 신기술이 등장하는 타이밍이죠.

표현

That's~

그게 ~이에요.

ex) That's what I want to say.　　내가 하고 싶은 말이 그거예요.
　　That's what friends are for.　　친구란 그런 거야.

> 영어로 That's~은 '그게 ~이에요'로 내가 하고 싶은 말이 바로 그거라고 할 때 That's~
> 패턴을 활용할 수 있습니다.

0:05:37
~ 0:05:43

Remember when billionaire Elon Musk tweeted that

억만장자 일론 머스크가 트위터를 통해

he would install a battery storage system in South Australia

100일 안에 남호주에 배터리 저장 시스템을 설치하지 못하면

19

within 100 days, or deliver it for free?

무료로 제공한다고 한 것 기억하시나요?

어휘

deliver [dilívər]

동 배달하다, 전달하다

(ex) **Would you please deliver it to this address?**
그걸 이 주소로 배달해주시겠어요?

0:05:47
~ 0:06:01

The Tesla battery system now holds the title

이제 테슬라 배터리 시스템은 세계에서 가장 큰

for the largest lithium-ion battery in the world.

리튬 이온 배터리라는 타이틀을 보유하고 있습니다.

It can currently store 129 megawatt-hours of energy

현재 저장 가능한 129 메가와트시 에너지는

from wind turbines by renewable power company Neoen.

재생 가능 전력 회사 네오엔의 풍력 터빈이 만들어 내죠.

20

This is enough to meet the needs of 30,000 homes.

이것은 3만 가구의 요구를 충족시키기에 충분합니다.

This is enough to meet the needs of 30,000 homes.

이것은 3만 가구의 요구를 충족시키기에 충분합니다.

> 무언가를 충족시키기에 충분하다고 할 때 be enough to meet을 사용합니다. 즉 This is enough to meet the needs of 30,000 homes.은 '이것은 3만 가구의 요구를 충족시키기에 충분합니다.'의 뜻으로 전체 문장을 '디씨지너프(This is enough) 투 미잇 더 니이저ㅂ (needs of) 떠어ㄹ띠 따우전 홈ㅈ'처럼 발음하면 됩니다.

Now, Neoen has plans to upgrade its capacity by 50% to 150 megawatts.

이제 네오엔은 용량을 50% 늘려 150메가와트로 업그레이드할 계획입니다.

More localized microgrid systems are

더욱 현지화된 마이크로 그리드 시스템이

already powering remote locations,

이미 외딴 지역에 전력을 공급하고 있죠.

like these far-flung islands in Southeast Asia,

동남아시아의 이 멀리 떨어진 섬들에

0:06:19
~ 0:06:25

and providing reliable energy storage.

안정적인 에너지 저장소를 제공합니다.

But to power the world with renewable energy,

하지만 재생 가능한 에너지로 전 세계에 전력을 공급하려면

⏱ 0:06:25 ~ 0:06:27

21

we're going to need much more storage than that.

지금보다 훨씬 더 많은 저장소가 필요할 것입니다.

표현

We're going to~

우리는 ~할 거예요.

ex) **We're going to get through this together.**
우리는 함께 이 난관을 극복할 겁니다.
We're going to support you.　　우리는 당신을 지지할 거예요.

> 미래에 할 일을 과거에 이미 결정한 상태를 말할 때 be going to로 표현합니다. 영어로 We're going to~는 '우리는 ~할 거예요'로 to 다음에 동사 원형을 넣어 말하면 되죠.

⏱ 0:06:27 ~ 0:06:30

22

3D printing is seen as a way to reduce the cost of

3D 프린팅은 태양 전지판이나 풍력 터빈을 생산하는 비용을

어휘

cost [kɔːst]　　　　　　　　동 비용이 들다

ex) **How much will it cost per day?**　하루에 비용이 얼마나 들죠?

producing solar panels or wind turbines.

줄이기 위한 방법으로 여겨집니다.

Ten years ago, the cost of a solar panel installation in the United States

10년 전, 미국의 태양 전지판 설치 비용은

was $8.50 per watt.

와트당 8달러 50센트였습니다.

It's now $2.99 per watt. That's a 65% decrease.

지금은 와트당 2달러 99센트로 65%나 감소했죠.

⏱ 00:06:46 ~ 00:06:49

23

Q. 다음 단어를 우리말 의미에 맞게 알맞은 순서로 배열하세요.

어순배열

운동 에너지를 수집하는 것도 대안으로 여겨지고 있습니다.

is seen / harvesting kinetic energy / as another option

_____

동명사 harvesting는 be동사 is의 주어 역할을 합니다.

0:06:49
~ 0:06:58

with some already pioneering technology

이미 몇몇 선구적인 기술을 통해

that will transform your footsteps into electricity.

발걸음을 전기로 변환할 수 있죠.

While the world is shifting to renewable energy,

세계가 재생 에너지로 전환하고 있는 동안

⏱ 0:06:58 ~ 0:07:01

24

economic growth and a growing population

경제 성장과 인구 증가는

어휘

economic [èkənámik]   형 경제의

ex) The country is in a good economic state.   그 나라는 경제 상태가 좋다.

mean global energy demand is still increasing.

전 세계 에너지 수요가 증가한다는 것을 시사합니다.

Not only do renewables have to meet the energy demands of today,

재생 에너지는 오늘날의 에너지 수요를 충족시켜야 할 뿐만 아니라

but also tomorrow.

미래도 신경 써야 하죠.

Hey guys, thanks for watching.

여러분, 시청해 주셔서 감사합니다.

Subscribe if you haven't already,

아직 구독하지 않으셨다면 구독해주시고

and comment if you have any thoughts on renewable energy.

재생 에너지에 대한 여러분의 의견을 댓글로 남겨주세요.

09

Why are Japan and Korea in a trade war

0:00:00
~ 0:00:23

There's a brewing trade war brewing between two major economies

두 주요 경제국 사이에 벌어지고 있는 무역 전쟁으로 인해

that could further slow global growth

국제적 성장세가 둔화되고

and could potentially even make the price of your smartphones go up.

그 결과 스마트폰의 가격도 오를 수 있습니다

But this is not the one you're thinking of.

하지만 여러분이 생각하는 두 나라는 아닙니다.

This one is between Japan and Korea.

바로 일본과 한국의 이야기죠.

Japan and South Korea are Asia's biggest economies after China and India,

일본과 한국은 중국과 인도를 뒤따르는 아시아 최대 경제 대국이며

⏱ 0:00:23 ~ 0:00:27

01

and have gained worldwide acclaim for their global brands.

글로벌 브랜드로 세계적인 찬사를 받았습니다.

어휘

acclaim [əkléim]　　　명 찬사, 호평

ex) Her second novel received widespread acclaim.
그녀의 두 번째 소설이 널리 갈채를 받았다.

02

But the relationship between the two **powerhouses** has long been strained,

그러나 두 강대국 사이의 관계는 오랫동안 긴장감을 유지해왔고

The relationship between the two~ has long been strained,

두 ~사이의 관계는 오랫동안 긴장감을 유지해왔고

ex) The relationship between the two companies has long been strained.
두 회사 사이의 관계는 오랫동안 긴장감을 유지해왔다.
The relationship between the two countries has long been strained.
두 국가 사이의 관계는 오랫동안 긴장감을 유지해왔다.

> 서로의 관계가 오랫동안 긴장감을 유지해 오고 있던 상태를 묘사할 때 The relationship between the two~ has long been strained. 처럼 말합니다. 동사 strain은 '(관계 등을) 긴장시키다'로 '두 ~사이의 관계는 오랫동안 긴장감을 유지해왔다.'의 뜻이 됩니다.

∴ Subtitles ∴

0:00:30
~ 0:00:35

and now we're seeing those tensions manifest themselves in a trade dispute.

이제 우리는 그러한 긴장감이 무역 분쟁을 통해 두드러지는 걸 보고 있죠.

03

Q. 다음 빈칸에 들어갈 가장 알맞은 것을 고르세요.

모든 일은 2019년 7월에 시작됐습니다.

It all _____ off in July 2019,

(A) expelled   (B) kicked

(C) reduced   (D) increased

정답 (B)

∴ Subtitles ∴

0:00:37
~ 0:00:51

when Tokyo added trade restrictions on Korean companies

세 종류의 일본산 화학물질을 구입하는 한국 기업들에 대해

purchasing three chemicals made in Japan.

일본이 무역 규제를 걸면서죠.

It cited Korea's "inadequate management" of the sensitive items,

일본은 민감한 품목들에 대한 한국의 미흡한 관리 실태를 거론하며

essentially hinting the chemicals were being sent on to unapproved countries

화학 약품들이 북한이나 이란 같은 미승인 국가로 보내지는 것을

like North Korea and Iran.

지적했습니다.

04

Japan produces up to 90% of the world's supply of these chemicals,

이 화학물질의 일본 내 생산량은 전 세계 생산량의 90%에 육박합니다.

produce [prədjúːs]   동 생산하다, 제작하다

ex) The drug can produce serious side effects in some people.
그 약물은 몇몇 사람에게 심각한 부작용을 초래할 수 있다.

which are often used in making semiconductors and display screens.

반도체 및 디스플레이 스크린에 사용되는 물질이죠.

Semiconductors are critical for making major components of today's electronic products,

반도체는 오늘날 전자 제품의 주요 부품 생산에 매우 중요합니다.

like your smartphone.

스마트폰처럼요.

05

Q. 다음 빈칸에 들어갈 알맞은 어휘를 써보세요.

쓰기

이 화학물질이 한국 경제에 필수적인 요소인 이유죠.

That makes the chemicals _____ to South Korea's economy,

형용사 vital은 '필수적인', '중요한'입니다. 정답) vital

0:01:08
~ 0:01:19

which is home to semiconductor giants Samsung Electronics and SK Hynix.

삼성전자와 SK하이닉스와 같은 반도체 대기업의 모국이니까요.

These two companies alone supplied 61% of the components used in memory chips globally.

이들 두 회사에서만 전 세계적으로 메모리 칩에 사용되는 부품의 61%를 공급했습니다.

06

In 2018, semiconductor sales made up 92% of Korean export growth.

2018년에는 반도체 매출이 한국 수출 증가율의 92%를 차지했습니다.

어휘

growth [grouθ]   명 성장, 증가

ex) The job will provide opportunities for personal growth.
그 일을 개인 성장할 수 있는 기회를 제공할 것이다.

07

Now, thanks to a perfect storm, its trade is expected to fall in 2019.

이제, 이 완벽한 폭풍 때문에 거래가 2019년엔 하락할 것으로 예상됩니다.

표현

Thanks to~

~의 덕택으로

ex) The company has had a successful year, thanks mainly to the improvement in export sales.
수출 판매 개선의 주요 덕택으로, 그 회사는 성공적인 해를 보냈다.
Thanks to you, we finally made it.
당신 덕택으로, 우리는 마침내 해냈습니다.

> 누구의 덕택으로 뭔가를 해낼 수 있었다고 할 때 Thanks to~라는 패턴을 사용합니다.
> 의미는 '~의 덕택으로'이죠.

∴ Subtitles ∴

0:01:29
~ 0:01:43

The real bone of contention, however, goes way back in time and beyond trade.

그러나 논쟁의 진짜 골격은 무역 전쟁 훨씬 전에 형성됐습니다.

Korea's modern-day resentment of the Japanese can be traced back to over a century ago,

일본인에 대한 한국의 현대적 분노는 100여 년 전으로 거슬러 올라가죠.

when the Korean peninsula was colonized by the Japanese in 1910.

1910년, 일제에 의해 한반도가 식민지화되었을 때입니다.

0:01:43
~ 0:01:55

During this time,

이 기간 동안

many Koreans were made to work in Japanese factories and mines under poor conditions.

많은 한국인들은 열악한 환경 아래 일본의 공장과 광산에서 일하도록 강요받았습니다.

Tens of thousands of women, many of them Korean,

대부분 한국인으로 구성된 수많은 여성들이

also served as "comfort women". a Japanese euphemism

위안부로 끌려갔는데 이 단어는 군부 유곽에서

⏱ 0:01:55 ~ 0:01:59

08

used to describe those forced into sex work at military brothels.

성매매를 강요받은 사람들을 완곡하게 표현한 말입니다.

어휘

describe [diskráib]   동 묘사하다, 설명하다

ex) Police asked the woman to describe her attacker.
경찰은 여성에게 그녀를 공격한 사람을 묘사하도록 요청했다.

0:01:59
~ 0:02:13

Korean culture, language and history were at risk of being erased.

한국의 문화, 언어, 역사는 사라질 위기에 처해 있었죠.

Japanese rule came to an end in 1945,

일본의 통치는 제2차 세계대전에서

following the Axis powers' defeat in World War II.

추축국이 패배한 이후 1945년에 끝이 났습니다.

⏱ 0:02:13 ~ 0:02:17

09

After years of negotiation, **the two nations signed a treaty in 1965.**

수년간의 협상 끝에 양국은 1965년 조약을 체결했습니다.

표현

After years of negotiation,

수년간의 협상 끝에

ex) After years of negotiation, an agreement was reached in September, 2020.
수년간의 협상 끝에, 합의가 2020년 9월에 체결되었다.
After years of negotiation, we reached a bilateral agreement with Japan.
수년간의 협상 끝에, 우리는 일본과 상호 합의를 체결했다.

> 오랜 기간의 협상 끝에 좋은 결실을 맺게 되었다고 할 때 After years of negotiation의 문장을 활용해서 표현할 수 있습니다. 뜻은 '수년간의 협상 끝에'가 됩니다.

10

It aimed to resolve **all colonial-era claims "completely and finally"**

식민지 시대의 모든 소송을 "완전히 최종적으로" 마무리하는 조건으로

어휘

resolve [rizάlv]   동 해결하다, 결의하다

ex) We resolved to leave the country as soon as possible.
우리는 가능한 빨리 그 나라를 떠나기로 결심했다.

∴ Subtitles ∴

0:02:22
~ 0:02:50

in exchange for $800 million worth of economic aid and loans from Japan.

일본으로부터 8억 달러 가치의 경제적 원조와 대출을 받기로 한 것이죠.

This amounted to more than a quarter of Korea's GDP at the time.

이것은 당시 한국 GDP의 4분의 1 이상에 달했습니다.

But many in Asia rejected the treaty as insincere or insufficient,

그러나 아시아의 많은 사람들은 이 조약이 성의가 없거나 불충분하다며 거부했습니다.

pointing out it did not cover sensitive issues like Korea's "comfort women".

한국의 "위안부"처럼 민감한 문제는 다루지 않았기 때문이죠.

The nations attempted to settle this decades later in 2015.

두 나라는 이 문제의 해결을 2015년에 다시 시도했습니다.

Japanese Prime Minister Shinzo Abe offered his "most sincere apologies and remorse,"

아베 신조 일본 총리는 "가장 진심 어린 사과와 후회"를 표명했고

270

0:02:50
~ 0:02:53

and his government agreed to send Seoul $10 million

그의 정부는 한국에 천만 달러를 보내

🕐 0:02:53 ~ 0:02:57

11

to establish a foundation to support surviving "comfort women."

위안부 생존자 지원 재단을 설립하기로 합의했습니다

어휘

establish [istǽbliʃ]   동 설립하다, 구축하다

(ex) We need to establish our main priorities.
우리는 주요 우선순위를 세워야 한다.

🕐 0:02:57 ~ 0:03:01

12

Q. 다음 빈칸에 들어갈 알맞은 어휘를 써보세요.

쓰기

협정의 일부로서, 두 국가의 수장은 서로를 비난하지 않기로 합의했습니다.

As a part of the agreement, the two head of states agreed not to _____ each other

숙어로 as a part of the agreement는 '협정의 일부로서'의 뜻입니다. 정답) criticize

0:03:01
~ 0:03:05

over the contentious issue on an international stage anymore.

국제무대에서 논쟁의 여지가 있는 문제에 대해서 말이죠.

⏱ 0:03:05 ~ 0:03:07

13 The agreement was **short-lived.**

이 협정은 오래가지 못했습니다.

표현

The agreement was~

협정은 ~이었어요.

ex) The agreement was successful.　　　　그 합의는 성공적이었다.
The agreement was concluded on September 4.
합의가 9월 4일에 체결되었다.

> 협상이 어떠했다고 얘기할 때 The agreement was~처럼 표현할 수 있는데요, '협정은 ~ 이었어요'로 상황에 맞는 어휘만 be동사 was 다음에 넣으면 됩니다.

∴ Subtitles ∴

0:03:07
~ 0:03:17

Many Korean civilians and interest groups were unhappy with the outcome,

많은 한국 민간인과 이익 단체들은 결과에 불만스러워했습니다.

saying they weren't consulted during the negotiations.

그들은 협상 과정에서 협의가 이뤄지지 않았다고 했죠.

The resentment festered and eventually escalated into

그 분노는 곪아서 결국 여러 번에 걸친

⏱ 0:03:17 ~ 0:03:20

several mass demonstrations on the streets of Seoul.

서울 시내 대규모 시위로 심화됐습니다.

demonstration [dèmənstréiʃən]   몡 시위, 시연

ex) The police said over 10,000 people had taken part in the demonstration.
경찰은 만 명이 넘는 사람들이 시위에 참여했었다고 말했다.

∴ Subtitles ∴

0:03:20
~ 0:03:36

Korean consumers began to boycott Japanese goods.

한국 소비자들은 일본 상품을 보이콧하기 시작했죠.

In 2017, Moon Jae-in became South Korea's president,

2017년, 문재인은 한국의 대통령이 되었고

and made it clear that South Koreans would not accept the 2015 deal

전임자가 추진했던 2015년 협정을 한국인들은 받아들이지 않을 것이라고

brokered by his predecessor.

못을 박았습니다.

15

Q. 다음 단어를 우리말 의미에 맞게 알맞은 순서로 배열하세요.

일본에서도 분노가 커지고 있었는데

resentment / as well / was growing in Japan

_____

문장에서 과거 진행형으로 was growing이 사용되었습니다.

where many felt South Korea kept "moving the goal post" on the issue,

많은 이들은 한국이 이 문제에 관해 계속해서 골대를 움직이며

16

making it impossible **to settle colonial claims.**

식민지배 관련 소송 합의를 불가능하게 만든다고 느꼈죠.

impossible [impάsəbl]   형 불가능한

ex) That's impossible.   그건 불가능해.

At the end of 2018,

2018년 말,

the Japanese government was infuriated by a South Korean Supreme Court decision.

일본 정부는 한국 대법원의 판결에 격분했습니다.

It held Japanese companies accountable

2차 세계대전 동안

for forcing Korean workers into factories during the Second World War.

일본 기업들에 한국 노동자들을 강제 징용한 책임이 있다고 한 것이죠.

Two companies, Nippon Steel & Sumitomo Metal and Mitsubishi Heavy Industries,

일본제철-스미토모 금속 미쓰비시 중공업 두 회사는

were ordered to compensate several Koreans for forced labor during the war.

전쟁 중 강제 징용된 한국인들에게 배상하라는 명령을 받았습니다.

17

It wasn't long before **these tensions spread to other parts of the countries relationship,**

얼마 지나지 않아 이러한 긴장이 다른 분야의 관계까지 확산되었습니다.

표현

It wasn't long before~

얼마 지나지 않아 ~했어요.

ex) It wasn't long before he had persuaded her.
얼마 지나지 않아 그녀는 그를 설득했다.
It wasn't long before I started to get used to Japanese food.
얼마 지나지 않아 난 일본 음식에 익숙해지기 시작했어.

우리말에 '얼마 지나지 않아 ~했어요'를 네이티브들은 It wasn't long before~처럼 표현합니다. 여기서 before는 접속사 역할을 합니다.

∴ Subtitles ∴

including their trade ties – which brings us back to where we left off in 2019.

2019년 이후로 멈춰 있던 무역 관계까지 말이죠.

Only a month after tightening trade exports to South Korea,

한국으로의 무역 수출이 긴축된 지 겨우 한 달 만에

Tokyo took it a step further

일본은 한 걸음 더 나아가

by announcing it would remove South Korea from its white list.

그들의 화이트리스트에서 한국을 제외하겠다고 발표했습니다.

0:04:24
~ 0:04:32

Soon after, Seoul did the same thing.

얼마 지나지 않아 한국도 같은 일을 했습니다.

So what is the white list?

그렇다면 화이트 리스트는 무엇일까요?

It is a list of 27 countries, now 26 without Korea,

이 리스트에는 27개국 현재는 한국 없이 26개국이 있는데

🕐 0:04:32 ~ 0:04:35

18

that Japan considers to be trustworthy trade partners.

일본이 신뢰할 수 있는 무역 파트너로 간주하는 국가들이죠.

어휘

trustworthy [trʌstwərði]   ⑱ 신뢰할 수 있는

(ex) Not even a newspaper can always give trustworthy information to the
public.
심지어 신문조차도 대중들에게 항상 신뢰할 만한 정보를 제공할 수는 없다.

∴ Subtitles ∴

0:04:35
~ 0:04:42

This means they won't misuse the goods they buy for
unauthorized military use

이는 그들이 구매하는 상품을 허가받지 않은 군사용으로 오용

or resell them to sanctioned countries.

또는 제재 국가에 재판매하지 않겠다고 합의한 겁니다.

⏱ 0:04:42 ~ 0:04:45

19

어순배열

Q. 다음 단어를 우리말 의미에 맞게 알맞은 순서로 배열하세요.

이러한 움직임은 천 개 이상의 한국 제품에 영향을 미치죠.

from South Korea / more than 1,000 goods / the move affects

_____

> 타동사로 affect는 '~에 영향을 미치다'로 more than 1,000 goods이 목적어 역할을 합니다.

∴ Subtitles ∴

0:04:45
~ 0:04:50

Moving forward, the companies will have to go through more rigorous vetting.

일을 진행하려면 회사들은 더 엄격한 심사를 거쳐야 할 것입니다.

Approval will take longer,

승인이 더 오래 걸리고

20

and goods imported from Korea to Japan will go under closer examination.

한국에서 일본으로 수입되는 물품들은 정밀 검사를 받게 되겠죠.

examination [igzæmənéiʃən] 몡 시험, 조사, 검토

ex) Every astronaut is given a thorough medical examination.
모든 우주 비행사는 철저한 건강 진단을 받는다.

As trade ties break down,

무역 관계가 붕괴됨에 따라

prices of chips will go up in the short-term.

단기적으로 반도체 가격이 오를 것입니다.

Samsung phone prices could potentially go up too.

삼성 스마트폰 가격도 잠재적으로 오를 수 있습니다.

And companies like Samsung and SK Hynix

그리고 삼성과 SK 하이닉스 같은 회사들은

may be forced to look for alternative supply sources

일본에서 수입하는 기술 부품 및 재료들의

for its technology parts and materials imported from Japan.

대체 공급원을 찾도록 강요당할 수도 있죠.

21

But there may be a silver lining in the long run.

하지만 장기적으로 보면 희망이 있을지도 모릅니다.

스피킹

There may be a silver lining in the long run.

장기적으로 보면 희망이 있을지도 모릅니다.

아무리 힘든 상황 속에서도 끝까지 참고 견디다 보면 좋은 일이 생기기 마련입니다. 영어로 There may be a silver lining in the long run. 은 '장기적으로 보면 희망이 있을지도 모릅니다.'의 뜻입니다. 숙어로 a silver lining은 '밝은 전망', '희망의 조짐'을 말하죠. 전체 문장을 '데어ㄹ 메이 비 어 씰버ㄹ (을)라이닝 인 더 (을)러엉 (우)뤈'처럼 발음하면 됩니다.

∴ Subtitles ∴

0:05:15
~ 0:05:24

Before trade ties between both countries took a nosedive,

양국 간의 무역 관계가 악화되기 전

the prices of DRAM memory chips,

일반적인 유형의 임의접근기억장치

a common type of random access memory, were at new lows.

DRAM 메모리 칩의 가격은 최저치를 경신했었죠.

280

22

This was due to an expected abundance in supply.

이것은 예상된 초과 공급량 때문이었습니다.

표현

This was due to~

이것은 ~ 때문이었어요.

ex) This was due to the shortage of gas supply.
이것은 가스 공급 부족 때문이었다.
This was due to low temperature.　　이것은 저온 때문이었다.

> 이런 상황이 벌어지게 된 것은 어떤 이유 때문이었다고 할 때 This was due to~라고 합니다. 다시 말해서 '이것은 ~ 때문이었어요'의 뜻이랍니다.

∴ Subtitles ∴

0:05:27
~ 0:05:32

That slashed profits at Samsung Electronics in the company's worst drop in four years.

이로 인해 삼성전자의 수익이 4년 만에 최악의 하락세로 돌아섰었죠.

23

But when Japan tightened its export controls,

하지만 일본이 수출 통제를 강화하자

어휘

tighten [táitn]

동 강화하다

ex) How do I tighten my seat belt?　　어떻게 좌석 벨트를 졸라 매야하지?

0:05:35
~ 0:05:47

supplies of DRAM chips suddenly dropped and prices went up in turn,

DRAM 칩의 공급이 갑자기 줄었고 그에 따라 가격이 올랐습니다.

leading to better than expected results for Samsung and other Korean manufacturers.

덕분에 삼성과 다른 한국 제조사들엔 예상보다 더 좋은 결과로 이어졌죠.

Experts say that Japan's trade curbs on South Korea

전문가들은 일본의 무역 억제가

⏱ 0:05:47 ~ 0:05:51

24

could actually backfire and hurt the Japanese economy

사실상 일본 경제에 역효과를 불러와 타격을 입힐 수 있다고 말합니다.

어휘

backfire [bǽkfair]   ⑧ 맞불을 놓다, 엉뚱한 결과를 낳다

ex) His plan backfired on him, and he lost all his money.
그의 계획은 그에게 역효과를 불렀다, 그리고 그는 모든 돈을 잃었다.

0:05:51
~ 0:05:58

because many Korean companies have lost trust in Japan

많은 한국 기업들이 일본에 대한 신뢰를 잃었기 때문에

and may choose not to do business with Japanese firms in the future.

장차 일본 회사와 거래하지 않기로 결정할 수 있다는 것이죠.

⏱ 0:05:58 ~ 0:06:01

25

Q. 다음 단어를 우리말 의미에 맞게 알맞은 순서로 배열하세요.

어순배열

양국 관계는 8월에 더 큰 타격을 입었습니다.

took a further hit / bilateral ties / in August

전치사 in은 달(month) 앞에 관용적으로 쓰입니다.

0:06:01
~ 0:06:03

The South Korean government announced its withdrawal

한국 정부가 매우 민감한

26

⏱ 0:06:03 ~ 0:06:06

from a highly sensitive intelligence sharing pact.

정보 공유 협정에서 탈퇴한다고 발표한 것인데요.

어휘

pact [pækt]   명 협정, 약속

ex) You and I must make a pact.   당신과 나는 서로 약속을 해야 해요.

⏱ 0:06:06 ~ 0:06:12

So what is **the intelligence agreement and why does it matter for global security?**

이 정보 공유 협정은 무엇이고 왜 그것이 세계 안보에 중요한 것일까요?

표현

What is~?

~은 뭐예요?

ex) What is the main idea of the passage?
    지문의 주된 내용은 무엇입니까?
    What is the best way to learn English?
    영어를 배우는 가장 좋은 방법이 뭐죠?

의문사 what을 활용해서 What is~?처럼 물어보면 그 의미는 '~은 뭐예요?'입니다.

∴ Subtitles ∴

0:06:12
~ 0:06:18

The General Security of Military Information Agreement, more commonly referred to as GSOMIA,

군사정보보호협정, 더 일반적으로 지소미아라고 알려져 있는데

allowed the two countries to directly share information on

두 나라가 북한의 핵이나 미사일 활동 등에 대한 정보를

North Korea's nuclear and missile activities,

직접 공유할 수 있도록 하여

ensuring that the two US allies are aligned defensively.

미국의 두 동맹국이 일관된 방어 체계를 구축하게 합니다.

It's the first intelligence-sharing agreement

이는 한국이 일본 제국으로부터 해방된

between the two nations since Korea's liberation from Imperial Japan in 1945.

1945년 이후 양국 간에 처음 맺어진 정보 공유 협정이었습니다.

It was signed in 2016 after five years of negotiation.

5년간의 협상 끝에 2016년 체결되었죠.

The delay, according to an expert,

한 전문가는 이렇게 지체된 이유로

likely came down to negative public sentiment in South Korea,

한국 대중의 부정적인 정서를 꼽았으며

and it's very likely that is what drove Seoul's withdrawal now.

한국의 이번 탈퇴도 같은 이유일 것이라 유추합니다.

Dropping out of the intelligence sharing deal means that

정보 공유 협정에서 탈퇴한다는 것은

28

South Korea's government will no longer be quickly notified about

한국 정부가 더는 영해에서의 불규칙한 활동에 대해 즉각적으로

quickly [kwíkli]   ⚤ 신속히, 재빠르게

ex) She quickly put the money back in the box.
그녀는 재빠르게 돈을 상자에 다시 넣었다.

∴ Subtitles ∴

0:06:55
~ 0:07:14

irregular activities in regional waters.
보고받지 못한다는 뜻입니다.

In 2019 alone,
2019년 한 해에만

Seoul and Tokyo exchanged
한국과 일본은 북한에 대한

classified military information about North Korea 7 times.
기밀급 군사 정보를 7번이나 교환했습니다.

Still, the two Asian countries can technically share intelligence
여전히, 두 아시아 국가는 그들의 동맹국인 미국을 통해 기술적으로

through their ally, the United States.
정보를 공유할 수 있습니다.

But that makes it more complicated.
하지만 그래서 일이 더 복잡해집니다.

0:07:14
~ 0:07:25

Some experts say

일부 전문가들은

this could create a serious lag and cause detrimental consequences

이 사태로 심각한 지연이 발생해 해로운 결과를 초래할 수 있다고 말합니다.

for the effective monitoring of North Korea's nuclear threats.

북한의 핵 위협에 대한 효과적인 감시 측면에서 말이죠.

Beyond military effects,

군사적인 영향 외에도

⏱ 0:07:25 ~ 0:07:29

29

a worsening Japan-Korea relationship may weaken geopolitical ties.

악화되고 있는 한일 관계는 지정학적 관계를 약화시킬 수 있습니다.

어휘

weaken [wíːkən]   동 약화시키다

ex) Nothing could weaken her resolve.
어느 것도 그녀의 의지를 흔들 수는 없었다.

0:07:29
~ 0:07:35

The deteriorating relationship between the two neighboring countries

악화되고 있는 두 이웃 국가 간의 관계는

is impacting the world's largest economies.

세계 최대 경제에도 영향을 미치고 있습니다.

🕐 0:07:35 ~ 0:07:38

30

Q. 다음 빈칸에 들어갈 가장 알맞은 것을 고르세요.

4지선다

우선 중국과 미국이 중재자가 되기 위해 다투고 있습니다.

For one, China and the U.S. are _____ to be the mediator.

(A) discussing   (B) seeking

(C) building   (D) fighting

정답 (D)

While the two largest economies are in the midst of a trade war of their own,

이 두 경제 대국은 현재 자기들끼리도 무역 전쟁 중이며

they're doing their best to avoid a souring bond between Japan and Korea.

동시에 한일간의 불화를 피하기 위해 최선을 다하고 있습니다.

China has publicly supported a resolution to the trade tension,

중국은 공개적으로 무역 긴장에 대한 결의안을 지지했습니다.

but at the same time, Chinese companies are positioning themselves

하지만 동시에 중국 기업들은 경쟁 일본 기업들을

as replacements for their Japanese counterparts.

대신할 자리를 마련하고 있죠.

31

While China could benefit from new export orders,

중국은 새로운 수출 건으로 이득을 보면서도

어휘

export [ikspɔ́ːrt]　　명 수출

ex) Oil is now one of Malaysia's main exports.
석유는 말레이시아의 주요 수출품 중에 하나다.

0:07:58
~ 0:08:06

Beijing ultimately hopes to keep the Japan-South Korea-China

궁극적으로는 일본-한국-중국 자유무역협정 협상이

free trade agreement negotiations on track,

순조롭기를 바랍니다.

but that will be unlikely as tension escalates.

하지만 긴장감이 고조되며 그 가능성이 희박해졌죠.

⏱ 0:08:06 ~ 0:08:09

32

Analysts say China can benefit economically

분석가들은 중국이 경제적으로 혜택을 보려면

표현

Analysts say

분석가들은 말합니다.

ex) Analysts say tensions around the Korean Peninsula remain high.
분석가들은 한반도 주위 긴장 상태가 높다고 말합니다.
Analysts say South Korea will benefit economically from this agreement.
분석가들은 한국이 이 합의로부터 경제적으로 도움 받을 거라고 말합니다.

분석가들의 말을 빌려 무언가를 언급할 때 Analysts say처럼 먼저 말 꺼낼 수가 있습니다. 의미는 '분석가들은 말합니다'예요.

0:08:09
~ 0:08:12

if South Korea and Japan resolve their differences,

한국과 일본이 양국 간의 차이를 극복해야 한다고 말합니다.

⏱ 0:08:12 ~ 0:08:16

33

but it could potentially benefit **geopolitically if their relationship worsens,**

하지만 한일 관계가 악화되는 상황에선 지정학적 이득이 발생할 수 있죠.

어휘

benefit [bénəfit]   동 도움이 되다, ~에 이익을 주다

ex) The new policy changes mainly benefit small companies.
새로운 정책 변화가 주로 중소기업에게 도움이 된다.

0:08:16
~ 0:08:19

weakening the United States' influence in the region.

바로 이 지역에서 미국의 영향력이 약화되는 것입니다.

34

Q. 다음 빈칸에 들어갈 알맞은 어휘를 써보세요.

쓰기

미국은 두 나라에 상당한 군대를 주둔시키고 있고

The US, which has a _____ military presence in both countries,

형용사 sizable은 '꽤 큰', '상당한 크기의'의 뜻입니다. 정답) sizable

∴ Subtitles ∴

0:08:23 ~ 0:08:36

has always served as a bridge between the two nations.
항상 두 나라 사이의 교량 역할을 해왔습니다.

But the Trump administration
그러나 트럼프 행정부는

has stayed relatively low key in the recent Japan-Korea dispute.
최근 한일 분쟁에선 비교적 낮은 자세를 고수해왔죠.

Some experts suggest
일부 전문가들은

this could even indirectly strengthen China's influence globally,
이것이 간접적으로나마 중국의 세계적 영향력을 강화시킬 수 있다고 주장합니다.

35

a prospect **that is raising eyebrows in Washington.**

미국의 눈살을 찌푸리게 하는 전망이죠.

prospect [práspekt]　　　　　　　　　　　명 전망, 가능성

ex) There's little prospect of ending the war.
전쟁이 끝날 가능성이 거의 없다.

∴ Subtitles ∴

0:08:40
~ 0:08:54

Hi, guys. It's Grace here. Thanks for watching today.

안녕하세요, 여러분, 그레이스예요 시청해주셔서 감사합니다.

If you liked our video, please subscribe to our channel,

저희 영상이 마음에 드셨다면 채널 구독 부탁드리고

and check out more of our videos over here.

이쪽에서 더 많은 영상을 확인해보세요.

If you have any feedback or suggestions for us,

혹시 피드백이나 의견이 있으시다면

feel free to leave any comments below.

편하게 아래 댓글로 남겨주세요.

I will catch you next time. Bye!

그럼 다음에 뵙겠습니다 안녕!

MEMO

10

Why is Apple so expensive

This laptop, cell phone, tablet and headphones together

이 노트북, 휴대폰, 태블릿 그리고 헤드폰을 다 합치면

cost more than $3,500,

3,500달러 이상입니다.

that's about the same as two and a half months rent for the average American.

보통 미국인들의 2개월 반가량의 임대료와 거의 비슷한 금액이죠.

CNBC EXPLAINS Why is Apple so expensive?

CNBC가 설명해드립니다 왜 애플 제품은 그렇게 비싼가요?

Let's face it. Apple products have never been cheap.

현실을 직시하죠 애플 제품은 저렴한 적이 없었습니다.

⏱ 0:00:16 ~ 0:00:20

01

And the cost of some of its products has increased dramatically **over time.**

그리고 일부 제품의 가격은 시간이 흐르며 급격히 상승했죠.

어휘

dramatically [drəmǽtikəli] 튀 급격히, 크게

ex) The number of tourists visiting Japan has increased dramatically over the past few months.
지난 몇 개월간 일본을 방문하는 여행객 숫자가 크게 증가했다.

0:00:20
~ 0:00:30

Just look at how the price of the iPhone has increased over the years.

지난 몇 년간 아이폰 가격이 얼마나 올랐는지 한번 보세요.

What started at $499 in 2007, now starts at $999.

2007년에 499달러에서 시작했던 것이 지금은 999달러에서 시작합니다.

⏱ 0:00:30 ~ 0:00:33

02

So what makes these products so **pricey?**

과연 무엇이 이 제품들을 그렇게 비싸게 만들까요?

표현

What makes these products so~?

무엇이 이 제품들을 그렇게 ~하게 만들까요?

ex) What makes these products so special?
    무엇이 이 제품들을 그렇게 특별하게 만들까요?
    What makes these products so unique?
    무엇이 이 제품들을 그렇게 독특하게 만들죠?

> 의문사 what을 사용해서 What makes these products so~?처럼 말하면 '무엇이 이 제품들을 그렇게 ~하게 만들까요?'의 뜻입니다. 여기서 so는 부사로 뒤에 나오는 형용사를 꾸며주는 역할을 하죠.

0:00:33
~ 0:00:51

Well, some say, it boils down to no other reason than the fact that

어떤 사람들은 그 이유로 딱 한 가지를 꼽습니다.

Apple can convince us to pay the hefty price.

애플이 그 많은 돈을 쓰도록 우리를 설득한다는 것이죠.

There's even an unofficial term for this phenomenon.

이 현상에 대해서는 비공식 용어까지 있습니다.

It's called The Apple Tax

애플 세금이라고 불리는데

which describes the extra money customers are willing to pay

소비자가 경쟁사의 비슷한 제품보다

for an Apple product over a competitor product with similar features.

애플 제품을 사기 위해 기꺼이 추가로 낼 수 있는 돈을 말하죠.

⏱ 0:00:51 ~ 0:00:56

03

And, often it's attributed to the so-called "cool factor" associated with Apple.

이것은 종종 애플과 관련된 소위 "멋진 요소"에 기인하기도 합니다.

어휘

attribute [ətríbjuːt]　　　　　동 기인한다고 생각하다, 원인으로 여기다

ex) The increase in crime can be attributed to social changes.
범죄의 증가는 사회적인 변화에 기인될 수가 있다.

298

0:00:56
~ 0:01:09

It's those premium prices that helped catapult Apple

애플을 급성장시킨 것은 바로 그 프리미엄 가격으로

into becoming one of the world's most valuable companies.

애플을 세계에서 가장 가치 있는 회사 중 하나로 만들어주었죠.

And at the start of 2019,

그리고 2019년 초

it announced it was holding a whopping $245 billion in cash reserves.

애플은 2,450억 달러의 현금을 보유하고 있다고 발표했습니다.

⏱ 0:01:09 ~ 0:01:12

04

Q. 다음 빈칸에 들어갈 알맞은 어휘를 써보세요.

쓰기

그러나 애플은 고객들이 프리미엄을 지불하는 데는 다 이유가 있다고 하겠죠.

But Apple would _____ customers are paying a premium for a reason.

동사로 argue는 '논쟁하다', '말다툼하다', '주장하다'라는 뜻입니다. 정답) argue

In 2018, Apple's CEO Tim Cook

2018년, 애플의 CEO 팀 쿡은

defended the company's most expensive iPhone yet, saying quote,

이 회사의 가장 비싼 아이폰을 옹호하며 이렇게 말했습니다.

⏱ 0:01:19 ~ 0:01:21

05

"It's the most advanced iPhone we've ever done."

이것은 지금까지 나온 것 중 가장 발전된 아이폰입니다.

표현

It's the most~ we've ever done.

이것은 우리가 지금까지 했던 것 중 가장 ~한 것입니다.

ex) It's the most important thing we've ever done.
우리가 지금까지 했던 것 중 가장 중요한 일이야.
It's the most valuable thing we've ever done.
우리가 지금까지 했던 것 중에 제일 가치 있는 일이에요.

> 자신들이 여태까지 했던 것 중에 제일 최고인 것이라고 할 때 It's the most~ we've ever done. 처럼 표현하는데요, 의미는 '이것은 우리가 지금까지 했던 것 중 가장 ~한 것입니다.'입니다.

06

⏱ 0:01:21 ~ 0:01:24

pointing out it had replaced the need for other devices

다른 기기들을 대체했다는 점을 강조했는데 거기엔

어휘

replace [ripléis]　　　동 교체하다, 대체하다

ex) I replaced my old computer with the new one a couple of days ago.
며칠 전에 옛 컴퓨터를 새 것으로 교체했다.

∴ Subtitles ∴

0:01:24 ~ 0:01:44

like a camera, video recorder and music player.

카메라, 비디오 레코더 그리고 음악 재생기 등이 있죠.

He argues creating "the most innovative product available" is "not cheap to do"

그는 "가장 혁신적인 제품"을 만드는 일은 "싼값에 할 수 없다"고 주장하며

and Apple will never sacrifice quality for price.

애플이 결코 가격을 위해 품질을 희생하지 않을 거라 했습니다.

So all that money you're shelling out for your new iPhone is, at least in theory,

당신이 새 아이폰에 쏟아붓고 있는 그 모든 돈은 적어도 이론상으로는

helping to fund future innovations like it.

이와 같은 미래의 혁신에 투자하는 데 쓰이죠.

Innovation is what helped Apple earn its stripes.

바로 이 혁신이 애플을 지금의 위치에 앉혀주었습니다.

Why is Apple so expensive　**301**

It's a phone, first and foremost, as you'd expect from the iPhone.

무엇보다도 예상대로 아이폰은 전화기입니다.

So you've got all your contacts on there,

거기에 모든 연락처를 저장해 놓죠.

but it's different to most mobile phones, it syncs with your computer.

그러나 대부분의 휴대폰과 다른 점은 여러분 컴퓨터와의 동기화입니다.

The original iPod and the iPhone have both been touted as

1세대 아이팟과 아이폰은 모두 다음과 같이 선전되었습니다.

products that changed the world.

세상을 바꾼 제품들이라고요.

When the original iPod came out in 2001, it cost $399,

2001년, 1세대 아이팟이 출시되었을 때 가격은 399달러였습니다.

a staggering price for a personal music player at the time.

당시로서는 음악 재생기치고 엄청난 가격이었죠.

Apple aggressively marketed the iPod as a device that could store

애플은 당신의 주머니에 1,000곡의 노래를 담을 수 있다며

1,000 songs in your pocket,

공격적인 마케팅을 펼쳤습니다.

07

all of this at the cusp of the digital download revolution.

이 모든 것은 디지털 다운로드 혁명의 정점에서 일어난 일이죠.

어휘

revolution [règəlúːʃən]   명 혁명, 개혁

ex) The invention of TV caused a revolution in our way of living.
TV 발명이 우리 생활방식에 큰 변혁을 가져왔다.

In less than six years, Apple announced more than 100 million iPods had been sold,

애플은 6년도 채 되지 않아 1억 대 이상의 아이팟이 팔렸다고 발표했습니다.

making it the fastest-selling music player in history.

역사상 가장 빠르게 팔린 음악 재생기였죠.

In 2005, Apple announced its annual profits shot up 384 percent,

2005년, 애플은 연간 수익이 384% 증가했다고 발표했습니다.

08

largely due to **the smashing hit of its new digital music player.**

새로운 디지털 음악 재생기의 엄청난 히트 덕분이었죠.

표현

Largely due to~

주로 ~ 때문에

ex) The delay was largely due to bad weather.
지연은 주로 악천후 때문이었다.
Her success was largely due to her confidence and determination.
그녀의 성공은 주로 그녀의 확신과 결단력 때문이었다.

> 좋은 결과든 나쁜 결과든 원인이 있기 마련입니다. 영어로 largely due to는 '주로 ~ 때문에'의 뜻으로 사용되는 표현입니다.

∴ Subtitles ∴

Its profits would continue to grow through to 2012.

수익은 2012년까지 계속 증가했습니다.

For a lot of those customers,

많은 고객들에게는

the iPod would become the first of many Apple purchases,

아이팟은 그들이 맨 처음 구입한 애플 제품이 될 것이었죠.

09

so ultimately that $399 purchase would make them more inclined to,

결국 399달러는 가격은 그들을 더 끌리게 만들어

어휘

ultimately [ʌltɪmətli]   ㈜ 결국, 근본적으로, 마침내

ex) Ultimately, the success of the product depends on great marketing.
결국, 제품의 성공은 훌륭한 마케팅에 달려있다.

∴ Subtitles ∴

0:02:43
~ 0:02:51

not just potentially buy new versions of the iPod,

새로운 버전의 아이팟을 사는 데 국한되지 않고

but ultimately move on to buy iPhones, MacBooks, iPads and Apple Watches.

궁극적으로 아이폰, 맥북, 아이패드 애플워치 구매로 이어집니다.

10

You get the idea.

아시겠죠?

스피킹

You get the idea.
아시겠죠? 감이 잡혀요?

자신이 한 말을 상대방이 이해했는지 확인차 하는 말로 You get the idea. 는 '아시겠죠?', '감이 잡혀요?'라는 의미입니다. 동사 get에는 '이해하다'라는 뜻이 있거든요. 전체 문장을 '유 겟 디 아이디이아'처럼 발음하면 됩니다.

Suddenly you're locked into Apple's ecosystem, which some experts say,

그렇게 갑자기 애플의 생태계에 갇히게 되는데 일부 전문가들은

has allowed the company to increase prices faster than its competitors.

그것이 경쟁사보다 가파른 애플의 가격 상승을 용인했다고 합니다.

Think of it like Apple sort of having a monopoly on a customer's digital life.

애플이 소비자의 디지털 생활을 독점하고 있는 셈이죠.

The iPhone, which debuted in 2007, would ultimately replace the iPod,

2007년에 출시된 아이폰은 궁극적으로 아이팟을 대체하게 됩니다.

and this was responsible for even more impressive growth.

그로 인해 더욱 놀라운 성장을 이루게 되죠.

Worldwide shipments of the iPhone increased year on year

전 세계 아이폰 출하량은 전년 대비 매년 증가했고

until it reached its peak of 231 million in 2015.

2015년에는 정점인 2억 3천 1백만 대에 이릅니다.

That's more iPhones than there are people in most countries.

대부분 나라의 인구수보다 더 많은 양의 아이폰이죠.

But, now there's some concern around Apple's ability to continue innovating,

하지만 애플이 혁신을 이어갈 수 있을지 이제 우려의 목소리가 나오고 있습니다.

11

and even some signs that its growth **and industry dominance is under pressure.**

그리고 심지어 그들의 성장세와 산업 장악력이 압박을 받고 있다는 징후도 있죠.

growth [grouθ]   명 성장, 증가

ex) I think vitamins are necessary for healthy growth.
비타민은 건강한 성장을 위해 필요한 것 같아요.

0:03:33
~ 0:03:48

You see, Apple hasn't been able to surpass that iPhone peak ever since.

알다시피, 애플은 그 이후로 아이폰의 최고점을 넘어서지 못하고 있습니다.

And profits have begun to fluctuate too.

그리고 수익도 요동치기 시작했죠.

So, why the peak?

왜 정점이냐고요?

Well, it's part of a larger trend we're seeing across the entire industry.

글쎄요, 그것은 우리가 현재 업계 전반에 걸쳐 보고 있는 더 큰 추세 중 하나입니다.

The lifespan of a smartphone is getting longer,

스마트폰의 수명이 길어지고 있는 것이죠.

which means customers just aren't upgrading as often as they used to.

즉, 고객이 예전처럼 자주 폰을 업그레이드하지 않는 겁니다.

But as a publicly-traded company, Apple is expected to grow for its shareholders

그러나 상장 기업인 애플은 주주들을 위해 성장해야만 하고

⏱ 0:03:56 ~ 0:04:01

12

어휘

and one possible way to combat declining sales is simply to raise prices.

판매 하락에 대한 대응책은 단순히 가격을 올리는 것입니다.

declining [dikláiniŋ]　　형 쇠퇴하는, 기우는

ex) We need to successfully combat rising costs and declining profits.
우리는 비용 상승과 이익 감소에 성공적으로 대응해야 한다.

That enables it to have higher profit margins.

그렇게 되면 더 높은 이윤을 얻을 수 있게 되죠.

In 2018, the price of the base Apple Watch went from $329 to $399.

2018년, 기본형 애플 워치의 가격은 329달러에서 399달러로 올랐습니다.

13

Q. 다음 빈칸에 들어갈 가장 알맞은 것을 고르세요.

그리고 애플 골드 워치를 만 달러에 팔려고 했던 시기도 있었죠.

And don't forget the time it _____ to sell the Apple Gold watch for $10,000.

(A) abandoned

(B) made

(C) persuaded

(D) tried

정답 (D)

0:04:15
~ 0:04:25

An analysis in 2017 found that

2017년 분석 결과

the iPhone X cost 25 percent more than the iPhone 8 to make,

아이폰 X의 생산 단가는 아이폰 8보다 25% 높습니다.

yet it retailed for 43 percent more.

하지만 소비자 가격은 43% 더 높죠.

14

According to one firm, the iPhone X costs $357.50 to make,

한 회사에 따르면 아이폰 X의 생산 단가는 357달러 50센트이지만,

표현

According to~

~에 따르면

ex) According to the weather forecast, it's going to rain tonight.
일기 예보에 따르면, 오늘밤 비가 올 것이다.
According to his research,　　　그의 연구에 따르면

> 우리말에 '~에 따르면'을 네이티브들은 according to~처럼 표현합니다. 여기서 to는 전치사로 뒤에 명사(구)가 나오게 되죠.

0:04:30
~ 0:04:43

but since it sells for $999, that gives it a gross margin of 64 percent.

999달러에 팔리기 때문에 64%의 총 마진을 줍니다.

In recent years, to help grow its business, Apple has made it a priority

최근 몇 년간 애플이 사업 성장을 위해 우선적으로 세운 목표는

to grow sales in the world's most populous country, China.

세계에서 가장 인구가 많은 국가인 중국에서 판매를 늘리는 것이었습니다.

15

And while it's been met with some success, it also faces serious competition.

그것은 어느 정도 성공을 거두었지만 동시에 심각한 경쟁에 직면해 있죠.

competition [kὰmpətíʃən] 몡 경쟁, 시합, 대회

ex) At the age of only 16, she won an international violin competition.
단지 16세 나이에, 그녀는 국제 바이올린 대회에서 우승했다.

∴ Subtitles ∴

Ironically, the sheer expense of Apple products has hurt sales in countries

아이러니하게도 애플 제품의 단가 때문에 판매에 타격을 받은 국가들로는

like China, India, Brazil and Turkey,

중국, 인도, 브라질, 터키가 있습니다

emerging markets the company desperately needs to keep growing.

애플이 지속적으로 성장해야 하는 신흥 시장들에서 말이죠.

Premium smartphone prices have been rising across the board,

프리미엄 스마트폰 가격은 전체적으로 계속 오르고 있지만

but compared to its competitors in China, iPhones cost a lot.

중국의 경쟁사들과 비교해보면 아이폰은 많이 비쌉니다.

Take for instance the iPhone XS Max.

아이폰 XS 맥스를 예로 들어보죠.

It costs close to $1,400 in China,

중국에서는 거의 1,400달러입니다.

essentially twice the price of Huawei's Mate 20

화웨이 메이트 20의 두 배나 되는 가격이죠.

and three times the cost of Xiaomi's Mi Mix 3.

샤오미 미 믹스 3와 비교하면 3배에 해당하는 가격입니다.

⏱ 0:05:16 ~ 0:05:20

16

Throw a stronger dollar, tariffs and an economic slowdown into the mix,

달러의 강세와 관세, 그리고 경기 침체를 생각해보면

어휘

slowdown [sloudaun]   명 침체, 둔화

ex) There is a slowdown in economic growth in the U.S.
미국에서 경제 성장에 둔화가 있다.

17

and it's no surprise that **in mid-2018,**

2018년 중반의 결과는 놀랍지 않습니다.

표현

It's no surprise that~

~한 건 당연해요, ~한 건 놀랍지 않아요.

ex) It's no surprise that nobody listens to him.
어느 누구도 그의 말을 듣지 않는 게 당연해.
It's no surprise that I got promoted.   내가 승진할 만하지.

어떤 일이 놀랍지 않다고 할 때 It's no surprise that~ 패턴을 사용합니다. 의미는 '~한 건 당연해요', 또는 '~한 건 놀랍지 않아요'로 접속사 that 다음에 '주어+동사'처럼 절의 구조를 넣어 표현하면 되죠.

18

Q. 다음 단어를 우리말 의미에 맞게 알맞은 순서로 배열하세요.

어순배열

애플의 아이폰이 세계에서 가장 인기 있는 스마트폰 순위에서 3위로 추락한 것이죠.

amongst the list of world's most popular smartphones / fell third place / Apple's iPpone

형용사 popular의 최상급은 앞에 the most를 넣어 the most popular처럼 표현합니다.

That's when Chinese tech giant, Huawei passed it.

중국의 거대 IT 기업 화웨이가 애플을 앞지른 때입니다.

Just look at the percentage change in Apple's share of the smartphone market

경쟁사 대비 애플의 스마트폰 시장 점유율 변화를

compared to its competitors.

살펴보십시오.

That same year, Apple announced it would no longer report units sold of iPhones,

같은 해, 애플은 더 이상 아이폰의 판매량을 공개 않겠다고 선언했죠.

which Wall Street interpreted as a likely sign of more declining sales.

월스트리트는 이것을 매출 감소의 징후로 해석했습니다.

At the end of the day, most experts agree that

결론적으로 대부분의 전문가들은

🕐 0:05:46 ~ 0:05:48

19

Apple needs to come up with new innovations,

애플이 새로운 혁신을 고안해야 한다고 말합니다.

어휘

innovation [ìnəvéiʃən]   명 혁신

ex) If we shy away from innovation, we will never compete successfully with other companies.
만약 우리가 혁신을 회피한다면, 우리는 결코 다른 회사들과 성공적으로 경쟁하지 못할 것이다.

and not just raise prices in order to hold onto its place

세계에서 가장 가치 있는 회사 중 하나라는 자리를 유지하기 위해

as one of the world's most valuable companies.

가격만 올리는 방법 대신 말이죠.

Hey guys, it's Uptin. Thanks for watching!

여러분, 업틴이에요 시청해주셔서 감사합니다!

For more of our videos,

더 많은 영상을 원하시면

check out my day inside Huawei's headquarters in China here,

화웨이 중국 본사 건물에서의 제 하루를 확인해보세요.

and get inside Alibaba's grocery store and robot restaurant, here.

이곳의 알리바바 식료품점과 로봇 레스토랑도 보실 수 있습니다.

We're also taking suggestions for future CNBC Explains,

또한 이 프로그램의 앞으로의 주제에 대한 의견도 받습니다.

so leave your comments in the section below.

아래 댓글창에 여러분의 의견을 남겨주세요.

And while you're at it, subscribe to our channel.

그리고 저희 채널 구독도 부탁드립니다.

MEMO

11

Why is the dollar
so powerful

0:00:00
~ 0:00:13

You know this as the US dollar.

아시다시피 이것은 미국 달러입니다.

It's the official currency of the United States and its territories,

미국 영토 내에서 통용되는 공식 통화이죠.

but, also, some other countries use it as their official currency too.

그러나, 또한 몇몇 다른 나라들도 이것을 공식 통화로 사용합니다.

In fact, the US dollar has become the world's reserve currency.

사실, 미국 달러는 세계 준비 통화가 되었습니다.

⏱ 0:00:13 ~ 0:00:17

01

So how exactly did this become so **powerful?**

어떻게 이렇게 강력해졌을까요?

표현

How exactly did this become so~?

정확히 어떻게 이것이 그렇게 ~하게 되었을까요?

ex) **How exactly did this become so popular with young ladies?**
정확히 어떻게 이게 젊은 여성들에게 그렇게 인기 있게 되었죠?
How exactly did this become so important to us?
정확히 어떻게 이게 우리에게 그토록 중요한 것이 되었을까요?

> 대화를 하다 보면 궁금한 점이 생기게 되고 당연히 이유가 뭔지 물어보게 됩니다. 영어로 How exactly did this become so~?는 '정확히 어떻게 이것이 그렇게 ~하게 되었을까요?'의 뜻입니다.

CNBC EXPLAINS Why is the ollar so powerful?

CNBC가 설명해드립니다 왜 달러는 그렇게 강력한가요?

More than $1.8 trillion of US currency is now in circulation around the world,

1조 8천억 달러 이상의 미국 화폐가 현재 전 세계에 유통되고 있습니다

and it's believed that

그리고 알려진 바로는

two-thirds of $100 bills and nearly half of $50 bills are held outside the US.

100달러 지폐의 2/3와 50달러 지폐의 절반가량은 미국 밖에서 사용됩니다.

⏱ 0:00:36 ~ 0:00:40

02 **In fact, the US dollar is the de facto global currency,**

사실, 미국 달러는 사실상의 세계 통화입니다.

어휘

global [glóubəl]　　　형 세계적인, 전 세계의

ex) Global climatic changes may have been responsible for the extinction of these large mammals.
세계적인 기후 변화가 이 거대한 포유동물 멸종에 책임이 있었을 것이다.

0:00:40
~ 0:00:47

meaning it's kept by many governments in reserves

많은 정부들이 그것을 보관하고 있으며

and that most people and companies trust it for international trade.

대부분의 사람들과 회사들은 국제 무역에 한해 달러를 신뢰하죠.

⏱ 0:00:47 ~ 0:00:52

03

Q. 다음 빈칸에 들어갈 알맞은 어휘를 써보세요.

쓰기

코로나바이러스 팬데믹이 전 세계 시장을 파괴했고

Even as the coronavirus pandemic _____ across global markets,

숙어로 wreak havoc는 '파괴하다', '강타하다'입니다. 정답) wreaked havoc

0:00:52
~ 0:01:09

wiping out trillions of dollars' worth of assets,

수조에 달하는 자산을 증발시켰지만

the US dollar was unaffected by the turmoil.

미국 달러는 그 혼란에 영향을 받지 않았습니다.

At one point, it soared 4% against a basket of major currencies,

한때는 유로, 파운드, 엔, 캐나다 달러 스위스 프랑과 스웨덴 크로나 같은

namely the euro, pound, yen, Canadian dollar,

세계 주요 통화에 대비해

Swiss franc and Swedish krona.

4%나 치솟기도 했죠.

⏱ **0:01:09 ~ 0:01:14**

04

So why did we see this spike in the value of the US dollar?

그렇다면 왜 우리는 미국 달러화 가치에서 이러한 급증을 볼 수 있었을까요?

표현

Why did we~?

왜 우리가 ~했어요?

ex) **Why did we stop talking about it?**
왜 우리가 그 얘기하는 걸 그만두었던 거죠?
Why did we choose this restaurant over the other?
우리가 왜 저 레스토랑 대신에 이 레스토랑을 선택했지?

우리가 과거에 왜 뭔가를 했는지 궁금할 때 Why did we~? 패턴으로 물어볼 수 있어요.
즉 '왜 우리가 ~했어요?'의 의미랍니다.

0:01:14
~ 0:01:22

The dollar is strong because of the US economy

달러가 강세를 보이는 것은 미국 경제 때문이기도 하고

and because people want to hold dollars and the safety of the US dollar.

사람들이 달러 보유를 원하기 때문이기도 합니다.

⏱ 0:01:22 ~ 0:01:27

05

In times of uncertainty, investors flee to what's known as safe havens,

불확실한 시기에 투자자들은 안전한 피난처로 피신합니다.

어휘

flee [fli:]   동 도망치다, 피하다

ex) The president was forced to flee the country after the revolution.
대통령은 혁명 이후로 어쩔 수 없이 그 나라에서 도망쳤다.

0:01:27
~ 0:01:44

investments expected to hold their value during market turbulence.

시장의 난기류 속에서 투자 가치가 유지될 것으로 기대되는 투자처죠.

And you guessed it, the US currency is seen as such. Why?

그리고 예측하셨다시피 미국 화폐가 바로 그런 존재죠, 왜일까요?

Well it hails from the world's largest economy, the United States,

세계 최대 경제국인 미국이란 점이 주된 이유일 겁니다.

which is generally politically and economically stable.

보통의 경우 정치적, 경제적으로 안정적인 국가니까요.

⏱ 0:01:44 ~ 0:01:48

06

And while you can be pretty sure that the US dollar's value will fluctuate,

미국 달러의 가치가 변동할 것은 여러분도 확신하고 있겠지만

어휘

fluctuate [flʌktʃueɪt]   동 등락하다, 변동하다

ex) The price of gold fluctuated wildly.   금 가격이 심하게 요동쳤다.

0:01:48
~ 0:01:53

it probably won't plunge the way the Turkish Lira or Argentinian Peso have.

터키 리라화나 아르헨티나 페소화처럼 폭락할 일은 없을 것입니다.

⏱ 0:01:53 ~ 0:01:58

07

쓰기

Q. 다음 빈칸에 들어갈 알맞은 어휘를 써보세요.

달러화에 대한 이 모든 수요는 경제 위기 시기에 공급 부족을 야기해

All of that demand for the dollar can _____ **during times of economic crisis,**

숙어로 economic crisis는 '경제 위기'를 뜻합니다. 정답) cause shortages

0:01:58
~ 0:02:06

which only exacerbates the larger problem.

더 큰 문제를 악화시킬 뿐입니다.

America's central bank, the Federal Reserve,

미국 중앙은행인 연방준비은행은

is responsible for issuing the currency,

화폐 발행을 담당하고 있습니다.

and takes extra measures to prevent a squeeze when there's a rush for the greenback.

그리고 달러에 대한 수요가 급증할 땐 압박을 막기 위해 추가 조치를 취합니다.

For example, during the financial and coronavirus crises,

예를 들어, 금융 위기나 코로나바이러스 위기 동안

it set up a number of 'swap lines' with other major central banks,

연준은 여러 주요 중앙은행들과 다수의 '스와프 노선'을 구축해서

⏱ 0:02:19 ~ 0:02:23

08

making sure there is enough money available for investment and spending.

투자와 지출에 필요한 충분한 돈을 확보하게 됩니다.

표현

There is enough~
충분한 ~이 있어요.

ex) **There is enough room in the car.** 차 안에는 충분한 공간이 있어요.
There is enough water for the refugees.
난민들을 위한 충분한 물이 있어요.

충분히 무엇이 있다고 할 때 There is enough~식으로 말하는데요, 여기서 enough 다음에 명사를 넣어 표현하면 '충분한 ~이 있어요'의 뜻이 됩니다.

0:02:23
~ 0:02:40

This helps stabilize currency markets when the desire for the US dollar surges.

이것은 달러 수요가 급증할 때 통화 시장을 안정시키는 데 도움이 되죠.

So how exactly did the US dollar become a major currency reserve of the world?

그렇다면 정확히 어떻게 미국 달러가 세계의 주요 준비통화가 되었을까요?

Well, for a long time, developed economies tied their currencies to gold.

글쎄요, 오랜 기간 선진국들은 통화를 금에 묶어두었습니다.

However, during the first World War,

하지만 1차 세계대전 동안

⏱ 0:02:40 ~ 0:02:43

09

many of these countries abandoned this gold standard

이 나라들 중 다수는 금본위제를 버립니다.

어휘

abandon [əbǽndən]   동 버리다, 포기하다

(ex) The new policy had to be abandoned.   새로운 정책은 폐기되어야만 했다.

∴ Subtitles ∴

0:02:43
~ 0:02:47

and started paying their military expenses with paper money instead.

그리고 군사비용을 종이 화폐로 지불하기 시작했죠.

0:02:47
~ 0:03:11

And eventually, the US dollar, which was still tied to gold,

그리고 결국, 여전히 금에 묶여 있던 미국 달러는

overtook the British pound to become the world's leading reserve currency.

영국 파운드화를 제치고 세계 최고의 준비통화가 되었습니다.

During World War II, the United States sold weapons and supplies to many of its allies

제2차 세계대전 동안 미국은 많은 동맹국들에 무기와 물자를 팔았습니다.

and collected its payments in gold.

그리고 대금은 금으로 받았죠.

By 1947,

1947년에 이르러

the US had accumulated 70% of the world's gold reserves,

미국은 세계 금 보유량의 70%를 축적하며

leaving other nations with a huge disadvantage.

다른 국가들에 큰 불리함을 안겨줬습니다.

⏱ 0:03:11 ~ 0:03:15

10

To try to remedy this and other financial matters,

이것을 비롯한 다른 문제들을 해결하기 위해

어휘

remedy [rémədi]　　　　　동 치료하다, 보상하다, 고치다

(ex) They are trying to remedy the problem of inexperienced staff.
그들은 경험 부족한 직원의 문제를 개선하려고 노력중이다.

0:03:15
~ 0:03:26

44 Allied countries met in Bretton Woods, New Hampshire, in 1944.

1944년, 44개의 연합국들이 뉴햄프셔 브레튼 우즈에서 만났습니다.

There, they decided that

거기서 그들은 뜻을 모아

the world's currencies would be pegged to the US dollar,

세계 통화는 미국 달러로 고정될 것을 결정했죠.

which was in turn linked to gold.

바로 금과 연결되어 있었으니까요.

⏱ 0:03:26 ~ 0:03:29

11

Q. 다음 단어를 우리말 의미에 맞게 알맞은 순서로 배열하세요.

어순배열

각국 중앙은행들이 준비금을 쌓기 시작함에 따라

began / as central banks / to build their reserves over time

_____

주어가 central banks처럼 복수형이므로 소유 형용사도 their가 되어야 합니다.

0:03:29
~ 0:03:33

these dollars were redeemed for gold,

이 달러들은 금으로 교환되었고

dwindling the US's stockpile

미국의 비축량도 줄어들고 있습니다

⏱ 0:03:33 ~ 0:03:37

12

and igniting concerns about the stability of the US dollar.

이는 미국 달러의 안정성에 대한 우려에 불을 지피고 있죠.

어휘

concern [kənsə́ːrn]   명 우려, 걱정

ex) There are a lot of concerns about the global warming.
지구 온난화에 대한 많은 우려들이 있습니다.

0:03:37
~ 0:03:43

In 1971, US President Richard Nixon shocked the world

1971년, 미국 대통령 리처드 닉슨은 세계를 놀라게 했습니다.

when he de-linked the dollar from gold.

금과 달러의 연결을 끊은 것이죠.

0:03:43
~ 0:03:53

From there, free floating exchange rates were born,

바로 거기서 자유 변동 환율이 탄생했습니다.

meaning exchange rates were no longer fixed to gold

환율이 더 이상 금에 귀속정되지 않고

and were determined by market forces instead.

그 대신 시장의 힘에 의해 결정 나게 된 것이죠.

⏱ 0:03:53 ~ 0:03:57

13

Despite **periods of market volatility and the inflation that followed,**

시장 변동성의 기간과 그 후의 인플레이션에도 불구하고

표현

Despite~

~에도 불구하고

ex) Despite the fact that I studied very hard, I failed the placement test.
내가 매우 열심히 공부했다는 사실에도 불구하고, 난 배치고사에서 떨어졌다.
Despite the rain, they enjoyed the festival.
비에도 불구하고, 그들은 축제를 만끽했다.

전치사로 despite은 '~에도 불구하고'의 뜻으로 쓰입니다. 보통 despite 다음에는 목적
어로 명사(구)가 나오게 되죠.

0:03:57
~ 0:04:22

the US dollar has remained the world's reserve currency.

미국 달러는 세계 준비통화로 남아있습니다.

Its sheer volume and America's efficient banking system

그것의 엄청난 물량과 미국의 효율적인 금융 제도가

made the notes more convenient and cheaper to trade than other currencies.

이 통화를 다른 통화보다 거래하기 쉽게 만들었습니다.

Today, the vast majority of foreign exchange transactions are done in US dollars

오늘날 대부분의 외환 거래는 미국 달러로 이루어집니다.

with no other currencies coming anywhere near that.

그것에 견줄 다른 통화는 없죠.

In recent decades, the US has even been accused of "weaponizing" its currency

최근 수십 년간, 미국은 심지어 자국 통화를 "무기화"했다는 비난을 받아왔습니다.

⏱ 0:04:22 ~ 0:04:25

14

for strategic and geopolitical influence.

그 전략적, 지정학적 영향력 때문이죠.

어휘

strategic [strətíːdʒik]　　　형 전략적인, 전략상 중요한

ex) The takeover is being seen as a strategic move.
그 인수는 전략적인 조치로 보여지고 있다.

One example cited by critics was
비평가들이 인용한 한 예는

the Trump administration's sanctions on North Korea and Iran,
북한과 이란에 대한 트럼프 행정부의 제재 조치입니다.

which included forbidding them from using the dollar in trade.
여기엔 그들이 무역에 달러 사용하는 것을 금지하는 조항이 있죠.

🕐 0:04:34 ~ 0:04:37

15

Q. 다음 단어를 우리말 의미에 맞게 알맞은 순서로 배열하세요.

어순배열

일부 경제는 미국 지폐에 너무 크게 의존하고 있습니다.

on the American notes / are so reliant / some economies

_____

주어인 Some economies와 be동사 are는 서로 수의 일치를 해야 합니다.

0:04:37
~ 0:04:46

that they're even commonly used in day-to-day transactions.

심지어 일상 거래에서도 사용될 정도로 말이죠.

At ATMs in Cambodia, you can even withdraw the greenback from the machines.

캄보디아의 ATM기에서는 미국 달러 인출이 가능합니다.

⏱ 0:04:46 ~ 0:04:51

16

On a global scale, you'll find commodities like metals, energy and agricultural goods

세계적인 규모로 보면 금속, 에너지 농산물과 같은 상품이 대부분

어휘

agricultural [ǽgrikʌ́ltʃərəl]   형 농업의, 농사의

ex) We carry a lot of agricultural products.   우리는 많은 농산물을 취급한다.

0:04:51
~ 0:04:58

are usually traded in US dollars.

미국 달러로 거래되고 있죠.

Here's an example of how the US dollar influences everyday business deals.

미국 달러가 일상적인 비즈니스 거래에 어떤 영향을 미치는지 보여주는 예가 있습니다.

0:04:58
~ 0:05:09

Let's say a jewelry company in India wants to sell its products

인도의 한 보석회사가 자사 제품을 캐나다 백화점에 팔고 싶다고

to a Canadian department store.

가정해 보겠습니다.

If the Canadian retailer tries to pay in Canadian dollars,

만약 캐나다 소매업자가 캐나다 달러로 대금을 치르려 한다면

the Indian jeweller is likely to say,

이 인도 보석상은 이렇게 말할 겁니다.

🕐 0:05:09 ~ 0:05:11

17

I don't know how much this is worth.

저는 이것의 가치를 잘 모릅니다.

표현

I don't know how~

어떻게 ~하는지 모르겠어요.

ex) **I don't know how to solve this problem.**
이 문제를 어떻게 해결해야 할지 모르겠어.
I don't know how I can get in touch with him.
어떻게 그와 연락을 취할 수 있는지 모르겠어요.

> 의문사 how 다음에 to부정사나 '주어+동사'처럼 절의 구조를 넣어 표현할 수 있어요. 다시 말해서 I don't know how~라고 하면 '어떻게 ~하는지 모르겠어요'의 뜻이 됩니다.

0:05:11
~ 0:05:18

And I certainly can't use it in India.

그리고 분명히 인도에서는 사용할 수 없어요.

That department store, meanwhile, could also argue that

한편, 그 백화점은 다음과 같이 주장할 수 있습니다.

the rupee won't go very far in Canada.

루피는 캐나다에서 쓰기 힘들다고 말이죠.

⏱ 0:05:18 ~ 0:05:23

18

So, they're both likely to transact **in US dollars instead.**

따라서 그들은 둘 다 미국 달러로 거래할 가능성이 높습니다.

어휘

transact [trænsǽkt]   동 거래하다, 처리하다

ex) **We can transact business electronically.**
우리는 컴퓨터로 사업을 할 수 있다.

∴ Subtitles ∴

0:05:23
~ 0:05:30

Those dollars will then be exchanged into rupees in India.

그리고 나서 그 달러들은 인도에서 루피화 될 것입니다.

Add together the number of transactions happening like this every day

매일 이런 식으로 발생하는 모든 거래 건수를 합산해보면

and, well, that's a lot of greenback entering foreign economies.

글쎄요, 정말 많은 달러가 외국 경제에 유입되고 있는 거죠.

So we've established that the US dollar is stable.

이제 미국 달러의 안정성은 확인이 됐습니다.

But you might be wondering, what about other currencies that are stable too

하지만 의아한 부분이 있죠 스위스 프랑이나 싱가포르 달러 같은

like the Swiss Franc or the Singapore dollar,

다른 안정적인 통화도 있고

both of which come from politically and economically stable countries too.

두 나라 모두 정치, 경제적으로 안정된 나라들이니까요.

19

And yes, while those are fair points, the truth is,

네, 타당한 지적이긴 하지만 실제적으로

스피킹

The truth is

실제적으로, 사실은

대화를 나누다가 '사실은', '실제적으로', '실은'처럼 말하고 싶을 때 The truth is라고 합니다. 전체 문장을 '더 츄루우씨ㅈ(truth is)'처럼 발음하면 됩니다.

20

those countries just have far less influence and economic power.

그 나라들은 영향력과 경제력이 훨씬 약합니다.

influence [ínfluəns]   명 영향, 요인

ex) The stars' influence on people's lives has not been proved.
사람들의 삶에 스타들의 영향이 아직 증명되지 않았다.

0:05:54
~ 0:06:16

Switzerland's population is a mere 8 million,

스위스의 인구는 800만 명에 불과한 반면

while the US has more than 332 million.

미국은 3억 3천 2백만 명이죠.

Just look at central banks' foreign exchange reserves worldwide.

세계 중앙은행들의 외환 보유고를 살펴보세요.

While the majority of currency reserves are made up of US dollars,

준비통화의 대부분이 미국 달러로 이루어져 있고

the euro makes up nearly 21%,

유로는 대략 21%를 차지합니다.

the Japanese yen makes up nearly 6% and the pound sterling makes up nearly 5%.

일본 엔화는 약 6%를 차지하고 파운드화는 약 5%를 차지하죠.

So, could any of these other currencies give the dollar a run for its money?

그렇다면 다른 통화들 중 어떤 것이라도 달러를 위협할 수 있을까요?

For years there have been calls for an alternative reserve currency,

수년 동안 대체 준비통화에 대한 요구가 있었습니다.

ranging from countries like China and Russia

중국과 러시아 같은 국가들부터

🕐 0:06:28 ~ 0:06:32

21

to intergovernmental organizations **like the United Nations.**

UN과 같은 정부 간 연합 단체에까지 말이죠.

어휘

organization [ɔ̀rgənizéiʃən]   명 조직, 단체, 기관

ex) We are planning to set up a charity organization.
우리는 자선 단체를 설립할 계획 중이다.

In recent years, some central banks have added the Chinese yuan to their reserves.

최근 몇 년간 일부 중앙 은행들은 위안화를 준비금에 추가했습니다.

The cloud of US sanctions has also prompted a desire for some countries to bypass

짙게 드리운 미국의 제재가 일부 국가들로 하여금 달러화 무역을

dollar-denominated trading.

우회하도록 부추긴 것이죠.

In 2018, Germany's foreign minister wrote in an op-ed that

2018년, 독일의 외무장관은 서명 논평에 이렇게 썼습니다.

⏱ 0:06:49 ~ 0:06:52

22

it is essential that we **strengthen European autonomy**

우리는 유럽의 자치권을 강화하기 위해서

표현

It is essential that we~

우리가 ~해야 한다는 것은 필요한 일입니다.

ex) It is essential that we build up some experience.
우리가 경험을 쌓아야 하는 것은 필요한 일입니다.
It is essential that we do our best to make our customers satisfied.
우리 고객을 만족시키기 위해 우리가 최선을 다해야 하는 것은 중요합니다.

> 우리가 어떤 행동을 취하는 것은 중요하면서도 절대적으로 필요한 것이라고 할 때 It is essential that we~패턴으로 말합니다. 형용사 essential은 '필수의', '극히 중요한'의 뜻으로 '우리가 ~해야 한다는 것은 필요한 일입니다'가 되죠.

0:06:52 ~ 0:07:02

by establishing payment channels independent of the US.

미국으로부터 독립하여 지불 채널을 구축해야 합니다.

And some are hoping the world's future reserve currency

그리고 일부는 전 세계의 미래 준비통화가

won't be tied to a national government at all.

한 나라 정부에 얽매이지 않기를 희망하죠.

🕐 0:07:02 ~ 0:07:07

23

Q. 다음 빈칸에 들어갈 가장 알맞은 것을 고르세요.

4지선다

그들은 결국 비트코인과 같은 가상화폐가 달러를 압도할 것이라 봅니다.

They see cryptocurrencies, such as bitcoin, _____ overthrowing the dollar.

(A) eventually   (B) happily

(C) clearly   (D) heavily

정답 (A)

0:07:07
~ 0:07:11

But, even so, any change in the US dollar's strength

그러나, 그렇다 하더라도 미국 달러의 강세는

⏱ 0:07:11 ~ 0:07:13

24 **certainly wouldn't happen overnight.**

결코 하룻밤 사이에 시들지 않을 것입니다.

어휘

overnight [ouvərnait]   부 밤사이에, 하룻밤에

ex) The actress became famous overnight.   그 여배우는 하룻밤에 유명해졌다.

∴ Subtitles ∴

0:07:13
~ 0:07:25

Despite calls for an alternative reserve currency,

대체 준비통화에 대한 요구에도 불구하고

it's still hard to imagine any other country

미국이 지닌 세계 통화로서의 지위를

capable of taking the mantle from the US as the global currency anytime soon.

가까운 미래에 대체할 다른 나라는 아직 떠오르지 않습니다.

Hey, guys. It's Uptin. Thanks for watching.

안녕하세요, 여러분, 업틴입니다 시청해주셔서 감사합니다.

Check out more of our videos

더 많은 동영상을 확인하시고

and let me know in the comments

댓글로 의견 남겨주세요.

what currencies could potentially take over the US dollar, if any.

미국 달러를 제압할 다른 통화가 있다면 말이죠.

While you're at it, subscrube to our channel

그리고 저희 채널 구독도 부탁드립니다.

and I will see you next time.

그럼 다음에 뵙겠습니다.

12

Why the Korean wave is more than BTS or Blackpink

On October 15th 2020,

2020년 10월 15일,

the company behind K-pop superstars BTS sent ripples

케이팝 슈퍼스타 BTS의 기획사가

through the South Korean Stock Exchange with its initial public offering,

한국증권거래소를 통해 상장되며 잔향을 일으켰습니다.

the country's largest in three years.

3년 만에 국내 최대 규모였죠.

BTS fans and institutional investors such as Black Rock

블랙록과 싱가포르의 국부펀드 GIC 같은

and Singapore's sovereign wealth fund GIC

기관 투자자들부터 BTS 팬까지

were part of the army that fueled Big Hit's market debut,

빅 히트의 시장 데뷔를 부채질한 아미의 일부였습니다.

which jumped by as much as 160 percent

주가는 무려 160%나 뛰어올랐고

01

valuing the agency at 8.4 billion dollars at its peak.

기획사의 가치는 최고 84억 달러까지 치솟았죠.

어휘

agency [éidʒənsi]   몡 소속사, 기관

ex) I work at a travel agency.   난 여행사에서 근무한다.

02

Even though Big Hit's share price eventually dropped,

물론 빅 히트의 주가는 결국 하락했지만

표현

Even though~

비록 ~이지만

ex) Even though it's hard work, I enjoy it.
비록 힘든 일이지만, 난 그걸 즐긴다.
I seem to keep gaining weight, even though I'm exercising regularly.
비록 규칙적으로 운동하고 있지만 살이 계속 찌고 있는 것 같다.

접속사로 even though는 '비록 ~이지만'의 뜻입니다. 보통 뒤에 '주어+동사'처럼 절의
구조가 나오죠.

Why the Korean wave is more than BTS or Blackpink **345**

0:00:35
~ 0:00:53

this high profile listing

이 기록적인 수치는

which was more than a thousand times oversubscribed by institutional investors,

기관투자가들에 의해 1,000회 이상 초과 신청되었습니다.

demonstrated the global influence of South Korea's burgeoning entertainment industry,

한국의 급성장하는 엔터테인먼트 산업의 세계적 영향력을 증명한 셈인데

a phenomenon which has been dubbed the Korean wave.

바로 한류라고 불리는 현상이죠.

CNBC EXPLAINS The rise of the Korean wave

CNBC가 설명해드립니다. 한류의 등장.

🕐 0:00:53 ~ 0:00:57

03

Q. 다음 빈칸에 들어갈 알맞은 어휘를 써보세요.

쓰기

한국의 물결이란 뜻의 한류는 BTS나 블랙핑크

The Korean wave also _____ Hallyu is more than BTS, Blackpink

숙어로 be known as는 '~로 알려지다'입니다. 정답) known as

0:00:57
~ 0:00:59

or K-pop for that matter.

케이팝을 넘어섭니다.

⏱ 0:00:59 ~ 0:01:03

04

It refers to the growing global popularity of South Korea's cultural exports

그것은 한국의 문화 수출로 인한 세계적인 인기의 증가를 나타냅니다.

어휘

export [ikspɔ́ːrt]   몡 수출, 수출품

ex) We depend heavily on exports to China.
우리는 중국 수출에 크게 의존한다.

0:01:03
~ 0:01:14

including music, television dramas,

음악, TV 드라마를 포함해

movies, esports, food and even beauty products.

영화, e스포츠, 음식 심지어 미용 제품까지 아우르죠.

Since the turn of the 21st century, the country's pop cultural exports,

21세기의 전환 이후 한국 대중문화 수출품들은

have taken the world by storm,

전 세계를 강타하며

becoming a major contributor to South Korea's $1.6 trillion economy.

1조 6천억 달러 규모의 한국 경제에 크게 기여하게 됩니다.

In 2019, South Korea exported

2019년, 대한민국은

$12 billion worth of exports of cultural products and services,

120억 달러 가치의 문화상품과 서비스를 수출하였는데

05

an increase of 22.4 percent from 2018, despite a 10.3% plunge in overall exports,

전체 수출은 10.3% 급감한 반면 이 부문은 2018년에 비해 22.4% 증가했죠.

어휘

despite [dispáit]   전 ~에도 불구하고

ex) Despite their high price, demand for these computers is still high throughout the country.
그들의 높은 가격에도 불구하고, 이 컴퓨터들에 대한 수요는 아직도 전국을 통해 높다.

0:01:36
~ 0:01:40

as global trade cooled amid rising geopolitical tensions.

세계 무역이 냉각됨에 따라 지정학적 긴장이 고조되는 가운데 말입니다.

⏱ 0:01:40 ~ 0:01:45

06

But it wasn't too long ago when **South Korea's entertainment industry was in a shambles.**

하지만 한국의 연예계는 얼마 전만 해도 난장판이 따로 없었죠.

표현

It wasn't too long ago when~

얼마 전까지만 해도 ~이었어요.

ex) It wasn't too long ago when our economy was in a bad state.
얼마 전까지만 해도 우리 경제는 좋지 않은 상태였다.
It wasn't too long ago when we were performing in clubs.
얼마 전까지만 해도 우리는 클럽에서 공연하고 있었어요.

우리말에 '얼마 전까지만 해도 ~이었어요'를 네이티브들은 It wasn't too long ago when~으로 말합니다. 접속사 when 다음에는 '주어+동사'처럼 절의 구조가 나옵니다.

Why the Korean wave is more than BTS or Blackpink **349**

The period following the Korean war which ended unofficially in 1953

1953년에 비공식적으로 끝난 한국전쟁 이후의 기간에

saw rapid economic growth in the East Asian nation,

이 동아시아 국가는 급속한 경제성장을 이루었고

leading to the rise of Korean conglomerates such as Samsung and Hyundai.

삼성과 현대와 같은 한국 대기업들의 등장을 이끌었죠.

The turning point for the South Korean media industry came in 1988,

한국 미디어 산업의 전환점은 1988년이었습니다.

when the first Hollywood movies were allowed in local theaters.

지역 영화관에 처음으로 할리우드 영화가 상영된 때죠.

⏱ 0:02:04 ~ 0:02:09

07

That same year, South Korea lifted curbs on overseas leisure travel by its citizens.

같은 해, 한국은 국민들의 해외 레저 여행에 대한 규제를 풀었습니다.

어휘

curb [kəːrb]   몡 규제, 제한, 구속

ex) Keep a curb on your temper.   화를 억제해.

350

0:02:09
~ 0:02:17

These reforms led to a growing awareness of

이러한 개혁은 문화 발전의 중요성에 대한

the importance of its cultural development,

인식을 확대하게 해주었죠

as more Koreans became exposed to foreign products and ideas.

점점 더 많은 한국인들이 외국 제품과 아이디어에 노출되면서 말이죠.

🕐 0:02:17 ~ 0:02:19

08

In 1994, a government report noted that

1994년, 정부 보고서는 다음과 같이 지적했습니다.

어휘

government [gʌvərnmənt]   명 정부

ex) The government has promised to improve standards in education.
정부는 교육 수준을 향상시키겠다고 약속했었다.

∴ Subtitles ∴

0:02:19
~ 0:02:28

the Hollywood movie, Jurassic Park, generated more revenue

할리우드 영화 쥬라기 공원은 당시 한국의 자부심이었던

than the foreign sales of 1.5 million Hyundai cars,

현대차의 150만 대 해외 판매 실적보다

which were considered the pride of Korea.

더 많은 수익을 창출했다고 말입니다.

09

Q. 다음 단어를 우리말 의미에 맞게 알맞은 순서로 배열하세요.

영화산업이 할리우드를 모방하기 시작하자

to emulate Hollywood / began / as the film industry

타동사로 begin은 to부정사를 목적어로 취할 수 있습니다.

0:02:30
~ 0:02:43

so too did its pop music industry.

대중음악 산업도 그 뒤를 따랐죠.

The abolishment of the censorship system in 1996

1996년의 검열 제도 폐지와

and the popularity of early icons such as K-pop pioneer Seo Taiji

초기 아이콘이었던 케이팝의 선구자 서태지의 인기

and SM entertainment founder Lee Soo-man

그리고 SM엔터테인먼트 설립자 이수만을 매개로 하여

10

laid the groundwork for today's K-pop industry.

오늘날 가요 산업의 기반을 마련했습니다.

어휘

industry [índəstri]   명 산업

ex) The country's economy is supported by industry.
국가 경제는 산업에 의해 지탱된다.

11

Today the Korean wave is a multi-billion dollar industry.

오늘날 한류는 수십억 달러 규모의 산업입니다.

표현

Today the Korean wave is~

오늘날 한류는 ~이에요.

ex) Today the Korean wave is so popular.
오늘날 한류는 대단히 인기 있습니다.
Today the Korean wave is spreading all over the world.
오늘날 한류는 전 세계로 퍼져 나아가고 있다.

> 한류의 인기는 대단합니다. 모든 영역에 영향을 끼치고 있는데요, Today the Korean wave is~라고 하면 '오늘날 한류는 ~이에요'의 뜻으로 사용됩니다.

In 2020, BTS's single Dynamite was estimated to contribute

2020년, BTS의 싱글 다이너마이트는 한국 경제에 14억 달러 수익과

1.4 billion dollars to Korea's economy and created 8,000 new jobs.

8,000개의 새로운 일자리를 창출할 것으로 예상됐습니다.

This sector has driven profits in other industries including tourism.

이 부문은 관광업을 포함한 다른 산업에서의 수익도 유도했죠.

The boy band's three-day concert in Seoul in 2019

2019년 서울에서 열린 이 보이밴드의 3일간의 콘서트는

brought in about 187, 000 foreign tourists,

약 187,000명의 외국인 관광객을 불러들였고

raking in over 790 million dollars for the economy.

한국 경제에 7억 9천만 달러가 넘는 돈을 벌어 주었죠.

Tourists have flocked to South Korea in recent years

최근 몇 년간 한국에는 관광객이 몰려들었습니다.

attracted by the prospects of visiting movie and music video locations.

영화와 뮤직비디오 촬영 현장을 보기 위해 모여든 것이죠.

12

While the private **sector has been instrumental in building this wave,**

민간 부문이 이 파도를 일으키는 데 큰 역할을 해온 사이

어휘

private [práivət]　　　　　형 민간의, 사적인, 사적인

ex) You had no right to look at my private letters.
넌 내 사적인 편지들을 볼 권리가 없었다.

∴ Subtitles ∴

0:03:27
~ 0:03:42

the South Korean government has also invested heavily

한국 정부 또한 많은 투자를 했습니다.

in its Ministry of Culture, Sports and Tourism

한국의 문화체육관광부는

with the aim of building its cultural exports around the world.

전 세계로의 문화 수출을 목표로 삼고 애써왔죠.

As early as 1994, a cultural industry bureau was established within the ministry.

1994년에 처음으로 문화산업국이 설립되었습니다.

13

Q. 다음 단어를 우리말 의미에 맞게 알맞은 순서로 배열하세요.

대중문화산업 부문은 2013년 후반에 설립되었고

later in 2013 / a popular culture industry division / was created

---

명사구 A popular culture industry division가 설립된 대상이므로 was created처럼 수동태가 되어야 합니다.

which was reorganized as the Hallyu Support and Cooperation Division in 2020.

2020년에 한류지원협력과로 재편성되었죠.

14

One of its main strategies is to diversify Hallyu products from K-pop and K-drama,

주요 전략 중 하나는 한류 상품을 케이팝과 K-드라마에서 더 다양화하여

표현

One of its main strategies is to~

주요 전략 중 하나는 ~하는 거예요.

ex) One of its main strategies is to reduce the use of plastics.
주요 전략 중 하나는 플라스틱 사용을 줄이는 것이다.
One of its main strategies is to increase the level of physical activity.
주요 전역 중 하나는 신체 활동 수준을 증가시키는 것이다.

> 주요 전략 중의 하나를 강조해서 말할 때 One of its main strategies is to ~ 패턴이 필요합니다. 의미는 '주요 전략 중 하나는 ~하는 거예요'입니다.

15

to include K-beauty, virtual reality content and esports.

K-뷰티, 가상현실 콘텐츠 및 e스포츠로 확장하는 것입니다.

어휘

include [inklú:d]　　　　　　　　통 포함하다, 내포하다

ex) The price includes postage charges.　그 가격에는 우편 요금이 포함되어있다.

As more Korean professional gamers make their mark on the world stage,

더 많은 한국 프로 게이머들이 세계 무대에서 두각을 나타낼수록

the government plans to grow its e-sports space through events

정부는 이벤트를 통해 e스포츠를 세계 무대로 진출시킬 계획이죠.

such as a three-nation e-sports tournament between South Korea, Japan and China.

한국과 일본, 중국 간의 3개국 스포츠 토너먼트와 같은 것입니다.

In the K-beauty space,

K-뷰티 부문에선,

South Korean conglomerate AmorePacific,

한국의 대기업 아모레퍼시픽이

is one of the largest cosmetic companies in the world,

세계에서 가장 큰 화장품 회사 중 하나로 자리매김하였고

with over 30 brands in its portfolio, including Laneige, Etude and Innisfree.

라네즈, 에튀드, 이니스프리를 포함한 30개 이상의 브랜드를 거느리고 있죠.

0:04:27
~ 0:04:38

In 2020, the government allocated a record 5.5 billion dollars for its culture ministry,

2020년, 정부는 문화부에 기록적인 55억 달러를 할당했습니다.

an increase of 9.4% from the year before and that was before the pandemic.

이는 심지어 팬데믹 전이었던 전년 대비 94% 증가한 액수입니다.

🕐 0:04:39 ~ 0:04:41

16

The lion's share was for the content industry,

가장 큰 몫은 콘텐츠 산업이었습니다.

스피킹

The lion's share was for the content industry,
가장 큰 몫은 콘텐츠 산업이었습니다.

> 영어로 the lion's share는 '가장 좋은 몫'을 뜻합니다. 그러므로 The lion's share was for the content industry,는 '가장 큰 몫은 콘텐츠 산업이었습니다'의 뜻이 되죠. 전체 문장을 '더 (을)라이언ㅆ 쉐어ㄹ 워ㅈ 뽀ㄹ 더 칸텐ㅌ 인더쓰취리'처럼 발음하면 됩니다.

which has been touted as the country's future economic growth engine.

국가의 미래 경제 성장 엔진이라고 선전되어 왔던 분야죠.

The Hallyu budget in 2021 will also grow by 42.7% to hit $585 million,

2021년 한류 예산도 427% 증가한 5억8500만 달러를 기록할 예정입니다.

with part of the kitty going to help K-pop bands shift their concerts online.

케이팝 그룹들의 온라인 콘서트에 일부 도움이 될 전망이죠.

⏱ 0:04:59 ~ 0:05:02

17

표현

The Korean wave has been a driver of growth for **streaming companies too,**

한류 열풍은 스트리밍 회사들의 성장에 원동력이 되어 왔습니다.

The Korean wave has been a driver of growth for~
한류 열풍은 ~의 성장에 원동력이 되어 왔습니다.

ex) The Korean wave has been a driver of growth for the overall economy.
한류 열풍은 전반적인 경제 성장에 원동력이 되어 왔습니다.
The Korean wave has been a driver of growth for movie industries.
한류 열풍은 영화 산업 성장에 원동력이 되어 왔습니다.

한류 열풍이 우리 경제뿐만 아니라 문화 영역까지 크게 영향을 주었던 것 사실입니다. 영어로 The Korean wave has been a driver of growth for~는 '한류 열풍은 ~의 성장에 원동력이 되어 왔습니다'의 의미입니다.

18

especially **during the pandemic when more people stayed indoors.**

특히 더 많은 사람들이 실내에 머무르는 팬데믹 동안 더욱 그렇죠.

especially [ispéʃəli]   📢 특히, 유달리

ex) These chairs are especially suitable for people with back problems.
이 의자들은 특히 허리 통증 있는 사람들에게 적합하다.

Since 2015, streaming giant Netflix

2015년부터 거대 스트리밍 업체 넷플릭스는

has poured nearly 700 million dollars into partnerships and co-productions

파트너십과 공동 프로덕션에 거의 7억 달러를 쏟아부으며

while fueling the Korean wave overseas.

해외에서 한류 열풍을 부채질하고 있습니다.

The quality of South Korea's productions has improved over time with these investments.

한국의 제작 품질은 이러한 투자로 인해 시간이 지남에 따라 향상되었습니다.

Bong Joon Ho's Parasite picked up four Oscars in 2020,

봉준호의 기생충은 2020년에 네 개의 오스카상을 수상했습니다

0:05:24
~ 0:05:34

including the coveted Best Picture award,

최우수 작품상을 포함해서요.

the first non-English language film to win in the 92-year history of the Academy Awards.

아카데미상 92년 역사상 최초로 영어 이외의 언어로 제작된 수상작이죠.

The film highlighted social inequalities in South Korea,

이 영화는 한국의 사회적 불평등을 조명했고

⏱ 0:05:34 ~ 0:05:37

19

a message that struck a chord with a global audience.

이러한 메시지는 전 세계 관객의 입맛을 만족시켰습니다.

어휘

audience [ɔ́:diəns]   명 관객, 청중

ex) The audience began clapping and cheering.
관객은 박수치며 환호하기 시작했다.

0:05:37
~ 0:05:54

The film went on to make $257 million worldwide,

이 영화는 전 세계적으로 2억 5천 7백만 달러의 이익을 얻으며

cementing South Korea's status as a cultural hub.

문화 허브라는 한국의 위상을 견고하게 합니다.

The government's support for these industries is part of a strategy to gain soft power,

이들 산업에 대한 정부의 지원은 소프트 파워를 얻기 위한 전략의 일부입니다.

a country's ability to build international influence through its culture.

소프트 파워란 문화를 통해 국제적 영향력을 쌓는 국가적 역량이죠.

⏱ 0:05:54 ~ 0:05:57

20

Q. 다음 빈칸에 들어갈 가장 알맞은 것을 고르세요.

4지선다

문화 외교는 2018년에 전면 시행되었습니다.

The _____ diplomacy was in full force in 2018,

(A) agricultural　　　　(B) economic

(C) stressful　　　　　(D) cultural

정답 (D)

when about 160 k-pop singers, including girl group Red Velvet

레드벨벳을 비롯한 약 160팀의 케이팝 가수들이

performed in North Korea's capital Pyongyang,

북한의 수도 평양에서 공연을 한 바로 그 해죠.

before the country's leader Kim Jong-Un and his wife.

국가 지도자인 김정은과 그의 부인 앞에서 말입니다.

Some experts said that the performances broke the ice before the peace talks.

일부 전문가들은 그 공연들이 평화 회담 전 냉랭한 분위기를 깼다고 말했습니다.

That year, Kim Jong-Un became the first North Korean leader

그 해에 김정은은 북한 지도자로서는 최초로

to step in South Korea since the end of the Korean War in 1953.

1953년 한국전쟁이 끝난 이후 한국에 발을 들여놓았습니다.

For all its success, the Korean wave has its fair share of detractors too.

한류는 큰 성공을 거뒀지만 상당히 많은 반감 또한 사고 있습니다.

These negative perceptions include South Korea's foreign policies

이러한 부정적인 인식에는 한국의 외교 정책과

21

and the excessive commercialization of the Korean wave.

한류의 과도한 상업화도 한몫하고 있죠.

어휘

excessive [iksésiv]   형 과도한, 지나친

ex) Jack's wife left him because of his excessive drinking.
잭의 부인은 그의 지나친 음주 때문에 그를 떠났다.

∴ Subtitles ∴

0:06:30
~ 0:06:35

For example, Japan has strong negative sentiments towards Hallyu and Korea,

예를 들어, 일본은 한류와 한국에 강한 부정적 감정을 가지고 있습니다.

22

due to their wartime and colonial histories,

그들의 전쟁과 식민지배 역사 때문이죠.

표현

Due to~

~ 때문에

ex) Due to heavy rain, the festival was cancelled.
폭우 때문에, 축제가 취소되었다.
Our bus was late due to heavy traffic.
우리 버스는 교통 혼잡 때문에 늦었다.

결과가 있으면 원인이 있기 마련입니다. 전치사구로 Due to는 '~ 때문에'의 뜻으로 목적어로 뒤에 명사(구)가 나옵니다.

while the deployment of a missile defense system in Korea in 2016,

또한 2016년, 한국에 미사일 방어체계를 배치하는 동안

severely impacted the consumption of Korean products in China.

중국 내 한국 제품의 소비가 심각한 타격을 받았습니다.

A string of scandals, including a sexist culture and a high pressure industry

성차별적 문화와 고압 산업을 포함한 일련의 추문들로 인해

has also cast a negative spotlight on Hallyu.

한류에 부정적인 스포트라이트를 주기도 했습니다.

🕐 0:06:52 ~ 0:06:57

23

Q. 다음 빈칸에 들어갈 가장 알맞은 것을 고르세요.

4지선다

2019년, 케이팝 스타 승리는 아이돌 그룹 빅뱅에서 탈퇴하고

In 2019, K-pop star Seungri _____ from the boy band Big Bang,

(A) arrived

(B) departed

(C) covered

(D) criticized

정답 (B)

24

and retired **from the entertainment industry**

연예계 은퇴를 발표했습니다.

retire [ritáiər]   동 퇴직하다, 은퇴하다

ex) Jack wants to retire next month.   잭은 다음 달에 퇴직하기를 원한다.

∴ Subtitles ∴

0:06:59
~ 0:07:17

after a prostitution scandal that ensnared other celebrities.

다른 연예인들까지 연루된 성매매 스캔들이 터진 후에 말이죠.

The scandal also uncovered allegations of drug trafficking

그 스캔들로 마약 밀매 혐의와 이 산업에 침투한 경찰의 부패도

and police corruption within the industry.

폭로되고 말았습니다.

However a new generation of women are pushing back against the patriarchal culture,

그러나 새로운 세대의 여성들은 가부장적 문화를 거부하고 있죠.

including leading celebrities such as Red Velvet,

레드벨벳, 배우 문가영과 배수지를 비롯한

actress Moon Ga-young and Bae Suzy.

많은 유명인사들이 이에 동참하고 있습니다.

0:07:17
~ 0:07:27

K-pop fans are also a force to be reckoned with

케이팝 팬들 또한 무시할 수 없는 존재입니다.

as they turn to activism to lend their support for causes worldwide.

그들은 세계적 문제에 대응하는 운동가들을 지원하기도 하죠.

In June 2020, K-pop fans claimed credit

2020년 6월, 케이팝 팬들은 본인들이

🕐 0:07:27 ~ 0:07:31

25

for disrupting a political rally by US President Donald Trump.

미국 대통령 도널드 트럼프의 유세를 방해했다고 주장했습니다.

어휘

disrupt [dɪsrʌpt]　　　　　　　　　　　　통 방해하다, 중단시키다

ex) A crowd of protesters disrupted the meeting.
시위대가 회의를 중단시켰다.

0:07:31
~ 0:07:32

The same month,

같은 달

26

Q. 다음 빈칸에 들어갈 알맞은 어휘를 써보세요.

BTS의 팬들은 블랙 라이브즈 매터 운동을 위해 백만 달러 이상을 모금했습니다.

fans of BTS also _____ more than 1 million dollars for Black Lives Matter,

숙어로 more than은 '~이상'을 뜻합니다. 정답) raised

0:07:36
~ 0:07:46

while other K-pop devotees united on Twitter

다른 케이팝 애호가들도 트위터에서 연합하여

to drown out white supremacist hashtags.

백인 우월주의자의 해시태그를 지워버립니다.

Although the Korean wave has been a tide that lifts all boats,

물론 한류가 모든 배를 들어 올리는 조류였지만

27

Hallyu is now at a crossroads.

한류는 이제 갈림길에 서 있습니다.

표현

~ is now at a crossroads

~는 이제 갈림길에 서 있습니다.

ex) Our economy is now at a crossroads.
우리 경제는 이제 갈림길에 서 있다.
The Japanese energy system is now at a crossroads.
일본 에너지 시스템은 이제 갈림길에 서 있다.

> 영어로 be at a crossroads는 '갈림길에 서다'로 이러지도 저러지도 못하는 상황을 말하는 거죠. 즉 ~ is now at a crossroads.는 '~는 이제 갈림길에 서 있습니다'의 뜻입니다.

28

Even as the government tries to diversify its Hallyu content,

정부가 한류 콘텐츠를 다양화하려고 하는 지금

어휘

diversify [divə́ːrsəfài]　　동 ~을 다양화하다

ex) Our factory is trying to diversify its range of products.
우리 공장은 제품의 폭을 다양화하려고 노력중이다.

370

the industry is facing a reckoning with allegations of misogyny and celebrity scandals

이 산업은 여성혐오 및 연예인 추문에 대한 비난에 직면하고 있죠.

which are threatening its squeaky clean image,

이것은 그들의 깨끗한 이미지에 위협적일 뿐 아니라

and the extent of South Korea's soft power.

한국 소프트 파워의 범주까지 위협하고 있습니다.

Thanks so much for watching our video!

저희 영상을 시청해주셔서 정말 감사합니다!

What's your favourite part of the Korean pop culture?

한국 대중문화에서 여러분이 가장 좋아하는 부분은 무엇인가요?

Comment below and don't forget to subscribe!

댓글로 남겨주시고 구독도 잊지 말아 주세요!

한 줄씩 꼭꼭 **씹어먹는**

뉴스
영어